СВЯТИТЕЛЬ ИГНАТИЙ БРЯНЧАНИНОВ

О МОЛИТВЕ

ORTHODOX LOGOS PUBLISHING

О МОЛИТВЕ

святитель Игнатий Брянчанинов

Икона на обложке книги:
«Игнатий (Брянчанинов)», Неизвестный автор

© 2024, Orthodox Logos Publishing, The Netherlands

www.orthodoxlogos.com

ISBN: 978-1-80484-141-9

This book is in copyright. No part of this publication may be reproduced, stored in a retrieval system or transmitted in any form or by any means without the prior permission in writing of the publisher, nor be otherwise circulated in any form of binding or cover other than that in which it is published without a similar condition, including this condition, being imposed on the subsequent purchaser.

СВЯТИТЕЛЬ ИГНАТИЙ БРЯНЧАНИНОВ

О МОЛИТВЕ

ORTHODOX LOGOS PUBLISHING

СОДЕРЖАНИЕ

Чин внимания себе для живущего посреди мира . . 7
О молитве 11
О молитве Иисусовой. Беседы старца с учеником 28
Дух молитвы новоначального 45
Слово о келейном молитвенном правиле 56
Слово о церковной молитве 65
Слово о молитве устной и гласной 72
О молитве и покаянии.
Поучение в неделю мытаря и фарисея 78
Обьяснение таинственного значения евангельской повести. Поучение в тридесять первую неделю . . 86
О молитве. Поучение в субботу
тридесять второй недели 96
Приношение современному монашеству.
О приготовлении к молитве 106
О поклонах 109
О особенном противодействии
падших духов молитве 113
Из писем 121

Примечания 127

ЧИН ВНИМАНИЯ СЕБЕ ДЛЯ ЖИВУЩЕГО ПОСРЕДИ МИРА[1]

Душа всех упражнений о Господе – *внимание*. Без *внимания* все эти упражнения бесплодны, мертвы. Желающий спастись должен так устроить себя, чтоб он мог сохранять *внимание к себе* не только в уединении, но и при самой рассеянности, в которую иногда против воли он вовлекается обстоятельствами. Страх Божий пусть превозможет на весах сердца все прочие ощущения: тогда удобно будет сохранять *внимание к себе*, и в безмолвии келейном, и среди окружающего со всех сторон шума.

Благоразумная умеренность в пище, уменьшая жар крови, очень содействует *вниманию к себе*, а разгорячение крови, как-то: от излишнего употребления пищи, от усиленного телодвижения, от воспаления гневом, от упоения тщеславием и от других причин, рождает множество помыслов и мечтаний, иначе, рассеянность. Святые Отцы предписывают желающему *внимать себе* во-первых умеренное, равномерное, постоянное, воздержание в пище[2].

Проснувшись – в образ ожидающего всех человеков пробуждения из мертвых, – направь мысли к Богу, принеси в жертву Богу начатки помышлений ума, еще не принявшего на себя никаких суетных впечатлений. С тишиною, очень осторожно, исполнив все нужное по телу для вставшего от сна, прочитай обычное молитвенное правило, заботясь не столько о количестве молитвословия, сколько о качестве его, то есть о том, чтоб оно было совершено со *вниманием*, и, по причине *внимания*, чтоб освятилось и оживилось сердце молитвенным умилением и утешением. После молитвенного правила, опять всеми силами заботясь *о внимании*, читай Новый Завет, преимущественно же Евангелие. При этом чтении тщательно замечай все завещания и заповедания Христа, чтоб по ним можно было направлять свою деятельность, видимую и невидимую. Количество чтения определяется силами человека и обстоятельствами. Не должно обременять ум излишним чтением молитв и Писания, также не должно упускать обязанностей своих для неумеренного упражнения молитвою и чтением. Как излишнее употребление пищи расстраивает и ослабляет желудок, так и неумеренное употребление духовной пищи ослабляет ум, производит в нем отвращение от благочестивых упражнений, наводит на него уныние[3]. Для новоначального святые Отцы предлагают частые молитвы, но непродолжительные. Когда же ум возрастет духовным возрастом, окрепнет и возмужает, тогда он будет в состоянии непрестанно молиться. К христианам, достигшим совершенного о Господе возраста, относятся слова святого Апостола Павла: «Хощу убо, да молитвы творят мужие на всяком месте, воздеюще преподобныя руки без гнева и размышления» (1Тим.2:8), то есть бесстрастно и без всякого развлечения или парения. Свойственное мужу еще несвойственно младенцу. Озарившись при посредстве молитвы и чтения Солнцем Правды, Господом нашим Иисусом Христом, да исходит человек на дела дневного поприща, внимая, чтоб во всех делах и словах его, во всем существе его царствовала и действовала всесвятая воля Божия, открытая и объясненная человекам в евангельских заповедях.

Если выпадут свободные минуты в течение дня, употреби их на чтение *со вниманием* некоторых избранных молитв, или некоторых избранных мест из Писания, и ими снова подкрепи душевные силы, истощаемые деятельностью посреди суетного мира. Если же этих золотых минут не выпадает, то должно пожалеть о них, как о потере сокровища. Что утрачено сегодня, не надо потерять в следующий день, потому что сердце наше удобно предается нерадению и забывчивости, от которых рождается мрачное неведение, столько гибельное в деле Божием, в деле спасения человеческого.

Если случится сказать или сделать что-нибудь противное заповедям Божиим, то немедленно врачуй погрешность покаянием, и посредством искреннего покаяния возвращайся на путь Божий, с которого уклонился нарушением воли Божией. Не косни вне пути Божия! – Приходящим греховным помышлениям, мечтаниям и ощущениям противопоставляй с верою и смирением евангельские заповеди, говоря со святым патриархом Иосифом: «Како сотворю глагол злый сей, и согрешу пред Богом?» (Быт.39:9). Внимающий себе должен отказаться от всякой мечтательности вообще, как бы она ни казалась приманчивою и благовидною: всякая мечтательность есть скитание ума, вне истины, в стране призраков несуществующих и немогущих осуществиться, льстящих уму и его обманывающих. Последствия мечтательности: утрата *внимания* к себе, рассеянность ума и жесткость сердца при молитве; отсюда – душевное расстройство.

Вечером, отходя ко сну, который по отношению к жизни того дня есть смерть, рассмотри действия свои в течение мимошедшего дня. Для того, кто проводит *внимательную жизнь*, такое рассматривание незатруднительно, потому что по причине *внимания к себе* уничтожается забывчивость, столько свойственная человеку развлеченному. Итак, припомнив все согрешения свои делом, словом, помышлением, ощущением, принеси в них покаяние Богу с расположением и сердечным залогом исправления. Потом, прочитав молитвенное правило, заключи Богомыслием день, начатый Богомыслием.

Куда уходят все помышления и чувствования спящего человека? Что это за таинственное состояние – сон, при котором душа и тело живы, и вместе не живут, чужды сознания своей жизни, как бы мертвые? Сон так же непонятен, как и смерть. Во время его покоится душа, забывая самые лютые горести и бедствия земные, в образ своего вечного покоя; а тело!... если оно восстает от сна, то непременно воскреснет и из мертвых. Сказал великий Агафон: «Невозможно без усиленного *внимания себе* преуспеть в добродетели»[4]. Аминь.

О МОЛИТВЕ[5]

Нищим свойственно просить, а обнищавшему грехопадением человеку свойственно молиться. Молитва – обращение падшего и кающегося человека к Богу. Молитва – плач падшего и кающегося человека пред Богом. Молитва – излияние сердечных желаний, прошений, воздыханий падшего, убитого грехом человека пред Богом.

Первое обнаружение, первое движение покаяния – плач сердца. Это – молитвенный голос сердца, предваряющий молитву ума. И скоро ум, увлеченный молитвою сердца, начинает рождать молитвенные помышления. Бог есть единый источник всех истинных благ. Молитва есть мать и глава всех добродетелей[6], как средство и состояние общения человека с Богом. Она заимствует добродетели из источника благ – Бога, усвояет их тому человеку, который молитвою старается пребывать в общении с Богом. Путь к Богу – молитва. Измерение совершаемого пути – различные молитвенные состояния, в которые постепенно входит молящийся правильно и постоянно. Научись молиться Богу правильно. Научившись молиться правильно, молись постоянно – и удобно наследуешь спасение. Спасение является от Бога в свое время, с неоспоримым сердечным извествованием о себе, молящемуся правильно и постоянно.

Для правильности молитвы надобно, чтоб она приносилась из сердца, наполненного нищеты духа, из сердца сокрушенного и смиренного. Все другие состояния сердца, до обновления его Духом Святым, признавай – каковы и точно они – несвойственными кающемуся грешнику, умоляющему Бога о прощении грехов своих и об освобождении – как из темницы и оков – из порабощения страстям. Моисеевым законом предписано было израильтянам только в одном, назначенном от Бога месте приносить все их жертвы. И законом духовным назначено для христиан одно духовное место для принесения всех их жертв, в особенности же жертвы из жертв – молитвы. Это место – смирение[7]. Не нужны Богу наши молитвы! Он знает и прежде прошения нашего, в чем нуждаемся; Он, Премилосердый, и на не просящих у Него изливает обильные щедроты. Нам необходима молитва: она усвояет человека Богу. Без нее человек чужд Бога, а чем более упражняется в молитве, тем более приближается к Богу. Молитва – причащение жизни. Оставление ее приносит душе невидимую смерть. Что воздух для жизни тела, то Дух Святый для жизни души. Душа посредством молитвы дышит этим святым, таинственным воздухом. Когда восстанешь от сна – первая мысль твоя да будет о Боге; самый начаток мыслей твоих, еще не запечатленный никаким суетным впечатлением, принеси Богу. Когда отходишь ко сну, когда готовишься погрузиться в этот образ смерти – последние твои мысли да будут о вечности и о царствующем в ней Боге. Ангел открыл некоторому святому иноку следующий порядок мыслей в молитве, благоугодный Богу: начало молитвы должно состоять из славословия Бога, из благодарения Богу за бесчисленные благодеяния Его; потом мы должны принести Богу искреннее исповедание грехов наших в сокрушении духа; в заключение можем предложить, впрочем с великим смирением, прошения Господу о наших нуждах душевных и телесных, предоставляя благоговейно исполнение и неисполнение этих прошений Его воле[8]. Начальная причина молитвы – вера: «веровах, темже возглаголах» (Пс.115:1) молитвою моею к милосердому Богу, благоволившему заповедать мне молитву и давшему обетование внимать ей.

«Вся елика аще молящеся просите, веруйте, яко приемлете: и будет вам» (Мк.11:24), возвестил Господь. И потому, отвергнув всякое сомнение и двоедушие, неотступно пребывай молитвою при Господе, повелевшем «всегда молитися и не стужати си» (Лк. 18:1), то есть не приходить в уныние от тесноты молитвенной, которая, в особенности сначала, тягостна, невыносима для ума, привыкшего блуждать повсюду. Блаженна душа, которая молитвою непрестанно стучится в двери милосердия Божия и жалобами на «соперника» своего (Лк.18:3) – на насилующий ее грех – непрестанно утомляет Неутомимого[9]: она возрадуется в свое время о чистоте своей и о бесстрастии своем. Иногда немедленно бывает услышано наше прошение; иногда же, по словам Спасителя, Бог долготерпит о нас (Лк.18, 7), то есть не скоро исполняет просимое нами: Он видит, что нужно остановить на время это исполнение для нашего смирения, что нужно нам утомиться, увидеть нашу немощь, которая всегда обнаруживается очень резко, когда мы бываем предоставлены самим себе.

Молитва, как беседа с Богом, сама собою – высокое благо, часто гораздо большее того, которого просит человек, – и милосердый Бог, не исполняя прошения, оставляет просителя при его молитве, чтоб он не потерял ее, не оставил это высшее благо, когда получит просимое благо, гораздо меньшее.

Прошений, исполнение которых сопряжено с вредными последствиями, Бог не удовлетворяет; не удовлетворяет Он и тех прошений, которые противны Его святой воле, противны Его премудрым, непостижимым судьбам.

В противность определению Божию просил великий Моисей Боговидец, чтоб даровано ему было войти в землю обетованную, и не был услышан (Втор.3, 26); молился святой Давид, усиливая молитву постом, пеплом и слезами, о сохранении жизни заболевшему сыну его, но не был услышан (2Цар.12). И ты, когда прошение твое не будет исполнено Богом, покорись благоговейно воле Всесвятого Бога, Который, по недоведомым причинам, оставил твое прошение неисполненным.

Сынам мира, просящим у Бога земных благ для удовлетворения плотским вожделениям, возвещает святой апостол Иаков: «Просите, и не приемлете, зане зле просите, да в сластех ваших иждивете» (Иак.4:3). Когда желаем предстать царю земному, то приготовляемся к этому с особенною тщательностью: изучаем, какое должно быть при беседе с ним настроение наших сердечных чувств, чтоб по порыву какого-нибудь чувства не увлечься в слово или движение, царю неприятное; заблаговременно придумываем, что говорить ему, чтоб говорить одно угодное и тем расположить его к себе; заботимся о том, чтоб самый наружный вид наш привлек его внимание к нам. Тем более мы должны сделать приличное приготовление, когда желаем предстать Царю царей и вступить молитвою в беседу с Ним. «Человек зрит на лице, Бог же зрит на сердце» (1Цар.16:7); но в человеке расположение сердца наиболее сообразуется с положением лица его, его наружности.

И потому давай при молитве самое благоговейное положение телу. Стой, как осужденный, с поникшею главою, не смея воззреть на небо, с опущенными вниз руками или сложив их сзади, как бы от связания веревками, как обыкновенно бывают связаны схваченные на месте преступления преступники. Звук голоса твоего да будет жалостным звуком плача, стоном уязвленного смертоносным орудием или терзаемого лютою болезнию. «Бог зрит на сердце».

Он видит самые сокровенные, самые тончайшие помышления и ощущения наши; видит все прошедшее и все будущее наше. Бог вездесущ. И потому стой на молитве твоей, как бы ты стоял пред Самим Богом. Точно – ты стоишь пред Ним! Ты стоишь пред Судьею твоим и полновластным Владыкою, от Которого зависит твоя участь во времени и в вечности. Употреби твое предстояние пред Ним на устроение твоего благополучия; не допусти, чтоб это предстояние, по недостоинству своему, послужило для тебя причиною казней временных и вечных. Намереваясь принести Богу молитву, отвергни все помышления и попечения земные. Не занимайся мыслями, которые тогда придут тебе, как бы они ни казались важными, блестящими, нужными. Отдай Божие Богу, а нужное для временной жизни успеешь отдать в свое время. Невозможно в одно и то же время работать Богу молитвою и занимать ум помышлениями и попечениями посторонними. Пред молитвою покади в сердце твоем фимиамом страха Божия и святого благоговения: помысли, что ты прогневал Бога бесчисленными согрешениями, которые Ему явнее, нежели самой совести твоей; постарайся умилостивить Судью смирением. Остерегись! Не возбуди Его негодования небрежением и дерзостию: Он благоволит, чтоб даже ближайшие к Нему, чистейшие ангельские силы, предстояли Ему со всяким благоговением и святейшим страхом (Пс.88:8).

Риза души твоей должна сиять белизною простоты. Ничего не должно быть тут сложного! Не должны примешиваться лукавые помыслы и ощущения тщеславия, лицемерства, притворства, человекоугодия, высокоумия, сладострастия – этих темных и зловонных пятен, которыми бывает испещрена душевная одежда молящихся фарисеев.

Вместо жемчугов и алмазов, вместо золота и серебра укрась себя целомудрием, смиренномудрием, слезами кротости и духовного разума, а прежде, нежели получишь эти слезы, – слезами покаяния; укрась себя младенческим, ангельским незлобием – вот драгоценная утварь! Когда увидит Царь царей на душе эту утварь, склоняются к душе Его милостивые взоры.

Прощение всех, всех без исключения обид, и самых тягчайших, – непременное условие успеха в молитве. «Егда стоите молящеся, – повелевает Спаситель, – отпущайте, аще что имате на кого, да и Отец ваш, Иже есть на Небесех, отпустит вам согрешения ваша: аще ли же вы не отпущаете, ни Отец ваш, Иже есть на Небесех, отпустит вам согрешений ваших» (Мк.11:25–26). «Молитвы памятозлобных – посевы на камне», – сказал преподобный Исаак Сирский[10].

Умеренное, благоразумное, постоянное воздержание от пищи и пития делает тело легким, очищает ум, дает ему бодрость и потому служит также приготовлением к молитве. Невоздержание чрева соделывает тело тяжелым, дебелым, ожесточает сердце, потемняет ум множеством испарений и газов, восходящих из желудка в мозг. Едва встанет пресыщенный или насытившийся на молитву, сонливость и леность нападают на него, множество грубых мечтаний рисуются в его воображении, сердце его неспособно прийти в умиление.

Сколько вредно невоздержание, столько вреден, или еще более, неумеренный пост[11]. Слабость тела, происходящая от малоядения, не позволяет совершать молитв в должном количестве и с должною силою.

Количество молитвы определяется для каждого образом жизни его и количеством сил душевных и телесных. Две лепты вдовицы, принесенные ею в церковь и составлявшие все имение ее, оказались на весах правосудного Бога большими, нежели значительные приношения богатых от избытков их. Так суди и о молитве: назначь себе количество ее соответственно силам твоим, помни премудрое наставление великого наставника подвижников: «Если ты понудишь тело немощное на дела, превышающие силы его, то этим влагаешь в душу твою помрачение и приносишь ей смущение, а не пользу»[12]. От здорового и сильного сложения взыскивается соответствующая молитва. «Всякая молитва, – сказал тот же великий отец, – при которой не утрудится тело, а сердце не придет в сокрушение, признается недозревшим плодом, потому что такая молитва – без души»[13]. Будучи занят общественными обязанностями, а если ты инок, то послушаниями, и не имея возможности уделять на молитву столько времени, сколько бы ты хотел, не смущайся этим: законно и по совести проходимое служение приготовляет человека к усердной молитве и заменяет качеством количество. Ничто так не способствует к преуспеянию в молитве, как совесть, удовлетворенная богоугодною деятельностью. Исполнение евангельских заповедей настраивает ум и сердце к чистой, исполненной умиления молитве, а истинная молитва направляет мыслить, чувствовать, действовать по заповеданиям Евангелия. Милосердие к ближним и смирение пред ними, выражаемые наружными делами и питаемые в душе, в совокупности с чистотою сердца, преимущественно от блудных помыслов и ощущений, составляют основание и силу молитвы[14]. Они как бы «крыле» (Пс.54:7) ее, которыми она возлетает к небу. Без них молитва не может подняться от земли, то есть возникнуть из плотского мудрования: она удерживается им, как сетию или силком; она возмущается, оскверняется, уничтожается им. Душа молитвы – внимание[15]. Как тело без души мертво, так и молитва без внимания – мертва. Без внимания произносимая молитва обращается в пустословие, и молящийся так сопричисляется к «приемлющим имя Божие всуе» (Втор.5:11). Произноси слова молитвы неспешно; не позволяй уму скитаться повсюду, но затворяй его в словах молитвы[16]. Тесен и прискорбен этот путь для ума, привыкшего странствовать свободно по вселенной, но путь этот приводит ко вниманию. Кто вкусит великое благо внимания, тот возлюбит утеснять ум на пути, ведущем ко блаженному вниманию.

Внимание есть первоначальный дар божественной благодати, ниспосылаемый трудящемуся и терпеливо страждущему в подвиге молитвенном[17]. Благодатному вниманию должно предшествовать собственное усилие ко вниманию – последнее должно быть деятельным свидетельством искреннего желания получить первое. Собственное внимание обуревается помыслами и мечтаниями, колеблется от них; благодатное – преисполнено твердости.

Воспрещай себе рассеянность мыслей при молитве, возненавидь мечтательность, отвергни попечения силою веры, ударяй в сердце страхом Божиим – и удобно приучишься ко вниманию. Молящийся ум должен находиться в состоянии вполне истинном. Мечтание, как бы ни было приманчивым и благовидным, будучи собственным, произвольным сочинением ума, выводит ум из состояния божественной истины, вводит в состояние самообольщения и обмана, а потому оно и отвергается в молитве.

Ум во время молитвы должно иметь и со всею тщательностью сохранять безвидным, отвергая все образы, рисующиеся в способности воображения, потому что ум в молитве предстоит невидимому Богу, Которого невозможно представить никаким вещественным образом. Образы, если их допустит ум в молитве, соделаются непроницаемою завесою, стеною между умом и Богом. «Те, которые в молитвах своих не видят ничего, видят Бога», – сказал преподобный Мелетий Исповедник[18]. Если б во время молитвы твоей представился тебе чувственно или изобразился сам собою в тебе умственно вид Христа, или ангела, или какого святого – словом сказать, какой бы то ни было образ, – никак не принимай этого явления за истинное, не обрати на него никакого внимания, не вступи с ним в беседу[19]. Иначе непременно подвергнешься обману и сильнейшему повреждению душевному, что и случилось со многими. Человек, до обновления его Святым Духом, неспособен к общению с святыми духами. Он, как находящийся еще в области духов падших, в плену и в рабстве у них, способен видеть только их, и они нередко, заметив в нем высокое мнение о себе и самообольщение, являются ему в виде ангелов светлых, в виде Самого Христа для погубления души его. Святые иконы приняты святою Церковию для возбуждения благочестивых воспоминаний и ощущений, а отнюдь не для возбуждения мечтательности. Стоя пред иконою Спасителя, стой как бы пред Самим Господом Иисусом Христом, вездесущим по Божеству и иконою Своею присутствующим в том месте, где она находится; стоя пред иконою Божией Матери, стой как бы пред Самою Пресвятою Девою – но ум твой храни безвидным: величайшая разница быть в присутствии Господа и предстоять Господу или воображать Господа. Ощущение присутствия Господня наводит на душу спасительный страх, вводит в нее спасительное чувство благоговения, а воображение Господа и святых Его сообщает уму как бы вещественность, приводит его к ложному, гордому мнению о себе – душу приводит в ложное состояние,

состояние самообольщения[20]. Высокое состояние – ощущение присутствия Божия! Им удерживается ум от беседы с чуждыми помыслами, наветующими молитву; по причине его обильно ощущается ничтожество человека; по причине его является особенная бдительность над собою, хранящая человека от согрешений, даже самомалейших. Ощущение присутствия Божия доставляется внимательною молитвою. Много способствует к приобретению его и благоговейное предстояние пред святыми иконами. Слова молитвы, одушевляемые вниманием, проникают глубоко в душу, убодают, пронзают, так сказать, сердце и производят в нем умиление. Слова молитвы, совершаемой с рассеянностью, касаются как бы только поверхности души, не производя на нее никакого впечатления. Внимание и умиление признаются даром Святаго Духа. Только Дух может остановить волны ума, разбегающиеся повсюду, сказал святой Иоанн Лествичник[21]. Другой достоблаженный отец сказал: «Когда с нами умиление, тогда с нами Бог» (иеромонах Серафим Саровский). Достигший постоянного внимания и умиления в молитвах своих достиг состояния блаженств, называемых в Евангелии «нищетою духа» и «плачем». Он разорвал уже многие цепи страстей, уже обонял воню свободы духовной, уже носит в недрах своих залог спасения. Не оставь теснин истинного молитвенного пути – и достигнешь священного покоя, таинственной субботы: в субботу не совершается никакого земного дела, устраняются борьба и подвиг; в блаженном бесстрастии, вне рассеянности, душа чистою молитвою предстоит Богу и упокоевается в Нем верою в бесконечную благость Его, преданностию Его всесвятой воле.

В подвижнике молитвы преуспеяние в молитве сперва начинает проявляться особенным действием внимания: от времени до времени оно неожиданно объемлет ум, заключает его в слова молитвы. Потом оно сделается гораздо постояннее и продолжительнее: ум как бы прилепится к словам молитвы, влечется ими к соединению с сердцем. Наконец со вниманием внезапно сочетается умиление и соделает человека храмом молитвы, храмом Божиим.

Приноси Богу молитвы тихие и смиренные, а не пылкие и пламенные. Когда соделаешься таинственным священнослужителем молитвы, тогда взойдешь в Божию скинию и оттуда наполнишь священным огнем кадильницу молитвенную. Огнь нечистый – слепое, вещественное разгорячение крови – воспрещено приносить пред Всесвятого Бога.

Священный огнь молитвы, заимствуемый из Божией скинии, – святая любовь, изливаемая в истинных христиан Духом Святым (Рим.5:5). Силящийся совокупить молитву с огнем крови мнит, в самообольщении своем, обманутый мнением о себе, совершать служение Богу, а на самом деле прогневляет Его.

Не ищи в молитве наслаждений: они отнюдь не свойственны грешнику. Желание грешника ощутить наслаждение есть уже самообольщение. Ищи, чтоб ожило твое мертвое, окаменевшее сердце, чтоб оно раскрылось для ощущения греховности своей, своего падения, своего ничтожества, чтоб оно увидело их, созналось в них с самоотвержением. Тогда явится в тебе истинный плод молитвы – истинное покаяние. Ты восстенаешь пред Богом и будешь вопиять к Нему молитвою из бедственного состояния души, тебе внезапно открывшегося; будешь вопиять, как из темницы, как из гроба, как из ада.

Покаяние рождает молитву и в сугубом количестве рождается от дщери своей.

Наслаждение в молитве – исключительный удел святых избранников Божиих, обновленных Святым Духом.

Кто, увлекаемый порывами крови, увлекаемый тщеславием и сладострастием, сочиняет сам себе наслаждения, тот находится в горестном самообольщении. К такому сочинению очень способна душа, омраченная жительством по плоти, душа, обманутая и обманываемая своею гордостию.

Ощущения, порождаемые молитвою и покаянием, состоят в облегчении совести, в мире душевном, в примирении к ближним и к обстоятельствам жизни, в милости и сострадании к человечеству, в воздержании от страстей, в хладности к миру, в покорности к Богу, в силе при борьбе с греховными помыслами и влечениями. Этими ощущениями – в которых, однако же, вкушение надежды спасения – будь доволен. Не ищи преждевременно высоких духовных состояний и молитвенных восторгов. Они совсем не таковы на самом деле, каковыми представляются нашему воображению: действие Святаго Духа, от Которого являются высокие молитвенные состояния, непостижимо для ума плотского[22].

Научись молиться от всего помышления твоего, от всей души твоей, от всей крепости твоей. Спросишь: что это значит? Этого нельзя иначе узнать, как опытом. Старайся постоянно заниматься внимательною молитвою: внимательная молитва доставит тебе разрешение вопроса блаженным опытом. Тягостным, скучным, сухим представляется молитвенный подвиг для ума, привыкшего заниматься одними тленными предметами. С трудом приобретается навык к молитве; когда ж приобретется этот навык, тогда он делается источником непрестанного духовного утешения. Молитва, как уже сказано выше, мать всех добродетелей – стяжи мать! С нею придут и чада ее в дом души твоей, соделают его святилищем Божиим. Пред начинанием всякого дела приноси молитву Богу; ею привлекай благословение Божие на дела твои и ею суди дела твои: помышление о молитве останавливает от дел, противных заповедям Божиим. Кто пред всяким делом и словом обращается молитвою к Богу о вразумлении, помощи и благословении, тот совершает жительство свое как бы под взорами Бога, под Его руководством. Навык к такому поведению удобен; ничего нет быстрее ума, сказал великий Варсонофий, ничего нет удобнее, как возводить при всякой встречающейся нужде ум к Богу[23]. В трудных обстоятельствах жизни учащай молитвы к Богу. Вернее прибегать к молитвам, нежели к пустым соображениям слабого человеческого разума, соображениям, которые по большей части оказываются несбыточными. Вернее опереться верою и молитвою на всемогущего Бога, нежели – шаткими соображениями и предположениями – на свой немощной разум.

Не будь безрассуден в прошениях твоих, чтоб не прогневать Бога малоумием твоим: просящий у Царя царей чего-нибудь ничтожного уничижает Его. Израильтяне, оставив без внимания чудеса Божии, совершенные для них в пустыне, просили исполнения пожеланий чрева – «еще брашну сущу во устех их, и гнев Божий взыде на ня» (Пс.77:30–31)[24]. Приноси Богу прошения, сообразные величию Его. Просил у Него Соломон премудрости – получил ее, и с нею множество других благ, потому что просил благоразумно. Просил у Него Елисей благодати Святаго Духа, сугубой пред великим учителем своим, – и прошение его было принято.

Ищущий в молитве своей тленных земных благ возбуждает против себя негодование Небесного Царя. Ангелы и архангелы – эти вельможи Его – взирают на тебя во время молитвы твоей, смотрят, чего просишь ты у Бога. Они удивляются и радуются, когда видят земного, оставившего свою землю и приносящего прошение о получении чего-нибудь небесного; они скорбят, напротив того, на оставившего без внимания небесное и просящего своей земли и тления.

Нам заповедано быть младенцами злобою, а не умом (1Кор.14:20).

При молитве отвергается разум мира сего, многоглаголивый и кичливый; из этого не следует, чтобы принималось, требовалось в ней скудоумие. В ней требуется разум совершенный, разум духовный, исполненный смиренномудрия и простоты, выражающийся часто в молитве не словами, а превысшим слов молитвенным молчанием. Молитвенное молчание тогда объемлет ум, когда внезапно предстанут ему новые, духовные понятия, невыразимые словами этого мира и века, когда явится особенно живое ощущение присутствующего Бога. Пред необъятным величием Божества умолкает Его немощная тварь – человек.

Многоглаголание (Мф.6:7–8), осужденное Господом в молитвах языческих, заключается в многочисленных прошениях о временных благах, которыми преисполнены молитвы язычников, в том изложении витийственном, в котором они предложены[25], как будто риторические украшения, вещественная звучность и сила слога могут точно так же действовать на Бога, как они действуют на слух и нервы плотских людей. Осуждая это многословие, Господь отнюдь не осудил продолжительных молитв, как представилось некоторым еретичествующим: Он Сам освятил продолжительную молитву, пребывая подолгу в молитве. «И бе об нощь, – (то есть пребыл всю ночь), – в молитве Божии» (Лк.6:12), повествует о Господе Евангелие.

Продолжительность молитв угодников Божиих – не от многоглаголания, но от обильных духовных ощущений, которые являются в них во время молитвы. Обилием и силою этих ощущений уничтожается, так сказать, время, отселе преобразуясь для святых Божиих в вечность.

Когда делатель молитвы достигнет преуспеяния в своем блаженном подвиге, тогда разнообразие мыслей в псалмах и прочих молитвословиях делается не соответствующим его устроению. Молитва мытаря и другие кратчайшие молитвы удовлетворительнее выражают невыразимое, обширное желание сердца, и часто угодники Божии в такой молитве проводили многие часы, дни и годы, не ощутив нужды в разнообразии мыслей для сильной сосредоточенной молитвы своей[26].

Молитвы, сочиненные еретиками, весьма сходствуют с молитвами язычников: в них многоглаголание, в них земная красота слова, в них разгорячение крови, в них недостаток покаяния, в них стремление на брак Сына Божия прямо из блудилища страстей, в них самообольщение. Чужды они Духа Святаго – веет из них смертоносная зараза духа темного, духа лукавого, духа лжи и погибели.

Велико занятие молитвою! Святые апостолы для молитвы и для служения слову отказались от служения ближним в телесных их потребностях. «Не угодно есть нам, – сказали они, – оставльшим слово Божие, служити трапезам... Мы... в молитве и служении слова пребудем» (Деян.6:2–4), то есть в беседе с Богом молитвою и в беседе о Боге с ближними, возвещая им Триипостасного Бога и вочеловечившегося Бога Слово.

Занятие молитвою есть высшее занятие для ума человеческого; состояние чистоты, чуждой развлечения, доставляемое уму молитвою, есть высшее его естественное состояние; восхищение его к Богу, чему начальная причина – чистая молитва, есть состояние сверхъестественное[27]. В сверхъестественное состояние восходят только святые угодники Божии, обновленные Святым Духом, совлекшиеся ветхого Адама, облекшиеся в Нового, способные «откровенным лицем (души) славу Господню» взирать, преобразующиеся «в той же образ... от славы в славу» действием Духа Господня (2Кор.3:18). Большую часть Божественных откровений они получают во время упражнения молитвою, как в такое время, в которое душа бывает особенно приготовлена, особенно очищена, настроена к общению с Богом[28]. Так святой апостол Петр во время молитвы увидел сходящую с неба знаменательную плащаницу (Деян.10:11). Так Корнилию сотнику во время молитвы явился ангел (Деян.10:3). Так, когда апостол Павел молился в храме Иерусалимском, явился ему Господь и повелел немедленно оставить Иерусалим. «Иди, яко Аз во языки далече послю тя» (Деян.22:17–21), сказал Он ему.

Молитва заповедана Господом, так, как и покаяние. Конец молитвы, так, как и покаяния, указан один: вход в Царство Небесное, в Царство Божие, которое – внутри нас. «Покайтеся, приближися бо Царство Небесное» (Мф.4:17). «Царствие Божие внутрь вас есть» (Лк.17:21). «Просите, и дастся вам: ищите, и обрящете: толцыте, и отверзется вам: всяк бо просяй приемлет, и ищай обретает, и толкущему отверзется... Отец, Иже с Небесе, даст Духа Святаго просящим у Него» (Лк.11:9–10,13). «Бог... не имать ли сотворити отмщение избранных Своих, вопиющих к Нему день и нощь, – и жалующихся на насилие, причиняемое им греховною заразою и бесами? Глаголю вам, яко сотворит отмщение их вскоре» (Лк.18:7–8). Вход в Царство Небесное, которое святым крещением насаждено в сердце каждого христианина, есть развитие этого Царства действием Святаго Духа.

Спеши молитвою, жаждущая спасения душа, спеши вслед Спасителя, сопровождаемого Его бесчисленными учениками. Зови вслед Его молитвою, подобно жене хананейской (Мф.15:22–28); не огорчайся продолжительным невниманием Его; претерпи великодушно и смиренно скорби и унижения, которые Он попустит тебе на пути молитвенном. Для успеха в молитве непременно нужна помощь от искушений. По вере твоей, за смирение твое, за неотступность молитвы твоей Он утешит тебя исцелением беснующейся от действия страстей дщери твоей — исцелением твоих помышлений и ощущений, претворив их из страстных в бесстрастные, из греховных в святые, из плотских в духовные. Аминь.

О МОЛИТВЕ ИИСУСОВОЙ. БЕСЕДЫ СТАРЦА С УЧЕНИКОМ[29]

Ученик. Можно ли всем братиям в монастыре заниматься молитвою Иисусовою?

Старец. Не только можно, но и должно. При пострижении в монашество, когда новопостриженному вручаются четки, называемые при этом мечом духовным, завещавается ему непрестанное, деннонощное моление молитвою Иисусовою[30]. *Следовательно упражнение в молитве Иисусовой есть обет монаха. Исполнение обета есть обязанность, от которой нет возможности отречься.*

Мне сказывали старые монахи, что еще в начале нынешнего столетия в Саровской пустыни, вероятно и в других благоустроенных Российских монастырях, всякому поступавшему в монастырь немедленно преподавалась молитва Иисусова. Блаженный старец Серафим, подвизавшийся в этой пустыни и достигший великого преуспеяния в молитве, постоянно советовал всем инокам проводить внимательную жизнь и заниматься Иисусовою молитвою[31]. Посетил его некоторый юноша, окончивший курс учения в духовной семинарии, и открыл старцу о намерении своем вступить в монашество. Старец преподал юноше душеспасительнейшие наставления. В числе их было завещание обучаться молитве Иисусовой. Говоря о ней, старец присовокупил: «Одна внешняя молитва недостаточна. Бог внимает уму, а потому те монахи, которые не соединяют внешней молитвы со внутреннею, не суть монахи»[32]. Определение очень верное! Монах – значит уединенный: кто не уединился в самом себе, тот еще не уединен, тот еще не монах, хотя бы и жил в уединеннейшем монастыре. Ум подвижника, не уединившегося и не заключившегося в себе, находится по необходимости среди молвы и мятежа, производимых бесчисленными помыслами, имеющими к нему всегда свободный доступ, и сам болезненно, без всякой нужды и пользы, зловредно для себя скитается по вселенной. Уединение человека в самом себе не может совершиться иначе, как при посредстве внимательной молитвы, преимущественно же при посредстве внимательной молитвы Иисусовой. ...Божественное Писание Ветхого Завета законополагает: «Всяцем хранением блюди твое сердце: от сих бо исходища живота» (Притч.4:23). «Внемли себе: да не будет слово тайно в сердцы твоем беззакония...» (Втор.15:9)[33]. Бодрствование над сердцем и очищение его повелевается особенно Новым Заветом. К этому направлены все заповедания Господа. «Очисти прежде, – говорит Господь, – внутреннее стклянцы и блюда, да будет и внешнее их чисто» (Мф.23:26). Сосудами из хрупкого стекла и малоценной глины Господь назвал здесь человеков. «Исходящее от человека, то сквернит человека: извнутрь бо от сердца человеческа помышления злая исходят, прелюбодеяния, любодеяния, убийства, татьбы, лихоимства, обиды, лукавствия, лесть, студодеяния, око лукаво, хула, гордыня, безумство. Вся сия злая извнутрь исходят и сквернят человека» (Мк.7:20–23). Святой Варсонофий Великий говорит: «если внутреннее делание с Богом, то есть осененное Божественною благодатию, не поможет человеку, то тщетно подвизается он наружным, то есть телесным, подвигом»[34]. Святой Исаак Сирский:

«не имеющий душевного делания, лишен духовных дарований»[35].

...Помню: современные молодости моей некоторые благочестивые миряне, даже из дворян, проводившие очень простую жизнь, занимались Иисусовою молитвою. Этот драгоценный обычай, ныне, при общем ослаблении христианства и монашества, почти утратился. Моление именем Господа Иисуса Христа требует трезвенной, строго нравственной жизни, жизни странника, требует оставления пристрастий, а нам сделались нужными рассеянность, обширное знакомство, удовлетворение нашим многочисленным прихотям, благодетели и благодетельницы, «Иисус уклонися, народу сущу на месте» (Ин.5:13).

Ученик. Последствием сказанного не будет ли заключение, что без упражнения молитвою Иисусовою не получается спасение?

Старец. Отцы не говорят этого. Напротив того, преподобный Нил Сорский, ссылаясь на священномученика Петра Дамаскина, утверждает, что многие, не достигши бесстрастия, сподобились получить отпущение грехов и спасение[36]. *Святой Исихий, сказав, что без трезвения нет возможности избежать греха «в мыслях», назвал блаженными и тех, которые воздерживаются от греха «на деле». Он наименовал их насилующими царство небесное*[37]. *Достижение же бесстрастия, освящения или, что то же, христианского совершенства, без стяжания умной молитвы невозможно, в этом согласны все Отцы...*

Ученик. Направление современного монашества, при котором упражнение молитвою Иисусовою встречается очень редко, может ли послужить для меня извинением и оправданием, если я не буду заниматься ею?

Старец. Долг остается долгом и обязанность – обязанностью, хотя бы число неисполняющих еще более умножилось. Обет произносится всеми. Ни множество нарушителей обета, ни обычай нарушения не дают законности нарушению. Мало то стадо, которому Отец Небесный благоволил даровать царство (Лк.12:32). *Всегда тесный путь имеет мало путешественников, а широкий – много.* (Мф.7:13–14). *В последние времена тесный путь оставится почти всеми, почти все пойдут по широкому. Из этого не следует, что широкий потеряет свойство вводить в пагубу, что тесный сделается излишним, ненужным для спасения. Желающий спастись непременно должен держаться тесного пути, положительно завещанного Спасителем.*

Ученик. Почему называешь ты тесным путем упражнение молитвою Иисусовою?

Старец. Как же не тесный путь? Тесный путь, в точном смысле слова! Желающий заняться успешно молитвою Иисусовою должен оградить себя и извне, и внутри поведением самым благоразумным, самым осторожным: падшее естество наше готово ежечасно изменить нам, предать нас; падшие духи с особенным неистовством и коварством наветуют упражнение молитвою Иисусовою. Нередко из ничтожной, по-видимому, неосторожности, из небрежности и самонадеянности неприметенных, возникает важное последствие, имеющее влияние на жизнь, на вечную участь подвижника, – «и аще не Господь помог бы ми, вмале вселилася бы во ад душа моя. ...Подвижеся нога моя: милость Твоя, Господи, помогаше ми» (Пс.93:17–18).

Основанием для упражнения молитвою Иисусовою служит поведение благоразумное и осторожное. Во-первых, должно устранить от себя изнеженность и наслаждения плотские во всех видах. Должно довольствоваться пищею и сном постоянно умеренными, соразмерными с силами и здоровьем, чтоб пища и сон доставляли телу должное подкрепление, не производя непристойных движений, которые являются от излишества, не производя изнеможения, которое является от недостатка. Одежда, жилище и все вообще вещественные принадлежности должны быть скромные, в подражание Христу, в подражание Апостолам Его, в последование духу их, в общение с духом их. Святые Апостолы и истинные ученики их не приносили никаких жертв тщеславию и суетности, по обычаям мира, не входили ни в чем в общение с духом мира. Правильное, благодатное действие молитвы Иисусовой может прозябнуть только из Духа Христова; прозябает и произрастает оно исключительно на одной этой почве. Зрение, слух и прочие чувства должны быть строго хранимы, чтобы через них, как через врата, не ворвались в душу супостаты. Уста и язык должны быть обузданы, как бы окованы молчанием; празднословие, многословие, особливо насмешки, пересуды и злоречие суть злейшие враги молитвы... От любопытства и любознательности суетных должно отказаться решительно, обратив все любопытство и все изыскания на исследование и изучение пути молитвенного. Нуждается этот путь в тщательнейшем исследовании и изучении: он – не только «путь тесный», но и путь «вводяй в живот» (Мф.7:14); он – наука из наук, и художество из художеств. Так именуют его Отцы[38].

Путь истинной молитвы соделывается несравненно теснее, когда подвижник вступит на него деятельностью внутреннего человека. Когда же он вступит в эти теснины, и ощутит правильность, спасительность, необходимость такого положения; когда труд во внутренней клети соделается вожделенным для него, тогда соделается вожделенною и теснота по наружному жительству, как служащая обителью и хранилищем внутренней деятельности. «Вступивший умом в подвиг молитвы, должен отречься, и постоянно отрекаться, как от всех помыслов и ощущений падшего естества, так и от всех помыслов и ощущений, приносимых падшими духами, сколько бы ни были благовидными те и другие помыслы и ощущения; он должен идти постоянно тесным путем внимательнейшей молитвы, не уклоняясь ни налево, ни направо. Уклонением налево называю оставление молитвы умом для беседы с помыслами суетными и греховными; уклонением направо называю оставление молитвы умом для беседы с помыслами, по-видимому, благими. Четырех родов помыслы и ощущения действуют на молящегося: одни прозябают из благодати Божией, насажденной в каждого православного христианина святым крещением, другие предлагаются Ангелом хранителем, иные возникают из падшего естества; наконец, иные наносятся падшими духами. Первых двух видов помыслы, правильнее, воспоминания и ощущения содействуют молитве, оживляют ее, усиливают внимание и чувство покаяния, производят умиление, плач сердца, слезы, обнажают пред взорами молящегося обширность греховности его и глубину падения человеческого, возвещают о неминуемой никем смерти, о безызвестности часа ее, о нелицеприятном и страшном суде Божием, о вечной муке, по лютости своей превышающей постижение человеческое. В помыслах и ощущениях падшего естества добро смешано со злом, а в демонских зло часто прикрывается добром, действуя впрочем иногда и открытым злом. Последних двух родов помыслы и ощущения действуют совокупно, по причине связи и общения падших духов с падшим человеческим естеством, и первым плодом действия их являются высокоумие, в молитве – рассеянность. Демоны, принося мнимо духовные и высокие разумения, отвлекают ими от молитвы, производят тщеславную радость, услаждение, самодовольство, как бы от открытия таинственнейшего христианского учения. Вслед за демонскими богословием и философией вторгаются в душу помыслы и мечтания суетные и страстные, расхищают, уничтожают молитву, разрушают благое устроение души. По плодам различаются помыслы и ощущения истинно благие от помыслов и ощущений мнимо благих.

О, как справедливо называют Отцы упражнение молитвою Иисусовою и тесным путем, и самоотвержением, и отречением от мира![39]. Эти достоинства принадлежат всякой внимательной и благоговейной молитве, по преимуществу же молитве Иисусовой, чуждой того разнообразия в форме и того многомыслия, которые составляют принадлежность псалмопения и прочих молитвословий[40].

Ученик. Из каких слов состоит молитва Иисусова?

Старец. Она состоит из следующих слов: «Господи Иисусе Христе, Сыне Божий, помилуй мя грешного». Некоторые Отцы[41] разделяют молитву, для новоначальных, на две половины, и повелевают от утра, примерно, до обеда говорить: «Господи, Иисусе Христе, помилуй мя», а после обеда: «Сыне Божий, помилуй мя». Это – древнее предание. Но лучше приучиться, если то можно, к произношению цельной молитвы. Разделение допущено по снисхождению к немощи немощных и новоначальных.

Ученик. Помянуто ли о Иисусовой молитве в Священном Писании?

Старец. О ней говорится в святом Евангелии. Не подумай, что она – установление человеческое: она – установление Божественное. Установил и заповедал священнейшую молитву Иисусову Сам Господь наш, Иисус Христос. После Тайной Вечери, на которой сотворено величайшее из таинств христианских – святая Евхаристия, Господь, в прощальной беседе с учениками Своими, пред исшествием на страшные страдания и крестную смерть для искупления ими человечества погибшего, преподал возвышеннейшее учение, и важнейшие, окончательные заповеди. Между этими заповедями Он даровал дозволение и заповедание молиться именем Его[42]. «Аминь, аминь глаголю вам, – сказал Он Апостолам, – яко елико аще чесо просите от Отца во имя Мое, даст вам» (Ин.16:23). «Еже аще что просите от Отца во имя Мое, то сотворю; да прославится Отец в Сыне. И аще чесо просите во имя Мое, Аз сотворю» (Ин.14:13–14). «Доселе не просисте ничесоже во имя Мое: просите, и приимете, да радость ваша исполнена будет» (Ин.16:24). Величие имени Господа Иисуса Христа предвозвещено Пророками. Указывая на имеющее совершиться искупление человеков Богочеловеком, Исаия вопиет: «Се Бог Мой, Спас мой!... Почерпите воду с веселием от источник спасения! И речеши в день он: хвалите Господа, воспойте имя Его: ...поминайте, яко вознесеся имя Его; хвалите имя Господне, яко высокая сотвори» (Ис.12:2–5.). «Путь Господень – суд: уповахом во имя Твое, и память, ея же желает душа наша» (Ис.26:8). Согласно с Исаией предрекает Давид: «Возрадуемся о спасении Твоем, и во имя Господа Бога нашего возвеличимся... Имя Господа Бога нашего призовем» (Пс.19:6, 8). «Блажени людие, ведущие восклицновение, усвоившие себе умную молитву: Господи, во свете лица Твоего пойдут, и о имени Твоем возрадуются весь день, и правдою Твоею вознесутся» (Пс.88:16–17).

Ученик. В чем заключается сила молитвы Иисусовой?

Старец. В Божественном имени Богочеловека, Господа и Бога нашего, Иисуса Христа. Апостолы, как видим из книги Деяний их и из Евангелия, совершали великие чудеса именем Господа Иисуса Христа: исцеляли недуги, неисцелимые средствами человеческими, воскрешали мертвых, повелевали бесам, изгоняли их из одержимых ими человеков...

Ученик. Некоторые утверждают, что от упражнения Иисусовою молитвою всегда, или почти всегда последует прелесть, и очень запрещают заниматься этой молитвою.

Старец. В усвоении себе такой мысли и в таком запрещении заключается страшное богохульство, заключается достойная сожаления прелесть. Господь наш, Иисус Христос, есть единственный источник нашего спасения, единственное средство нашего спасения; человеческое имя Его заимствовало от Божества Его неограниченную, всесвятую силу спасать нас, как же эта сила, действующая во спасение, эта единственная сила, дарующая спасение, может извратиться и действовать в погибель? Это – чуждо смысла! это – нелепость горестная, богохульная, душепагубная! Усвоившие себе такой образ мыслей точно находятся в бесовской прелести, обмануты лжеименным разумом, изшедшим из сатаны. Сатана восстал коварно против всесвятого и великолепного имени Господа нашего Иисуса Христа, употребляет в свое орудие слепоту и неведение человеческие, оклеветал имя, «еже паче всякого имени. О имени Иисусове всяко колено поклонится небесных и земных и преисподних» (Флп.2:9–10). Запрещающим молиться молитвою Иисусовою можно отвечать словами апостолов Петра и Иоанна на подобное запрещение, сделанное Иудейским Синедрионом: «праведно ли есть пред Богом, вас послушати паче, неже Бога, судите». Господь Иисус заповедал молиться всесвятым именем Своим, Он дал нам бесценный дар; какое значение может иметь учение человеческое, противоречащее учению Бога, воспрещение человеческое, усиливающееся устранить и разрушить повеление Божие, отъять дар бесценный? Опасно, очень опасно проповедовать учение, противное тому учению, которое проповедано Евангелием. Такое начинание есть произвольное отлучение себя от благодати Божией, по свидетельству Апостола (Гал.1:8)...

Ученик. Однако святые Отцы очень остерегают занимающегося молитвою Иисусовою от прелести.

Старец. Да, предостерегают. Они предостерегают от прелести и находящегося в послушании, и безмолвника, и постника – словом сказать, всякого, упражняющегося какою бы то ни было добродетелью. Источник прелести, как и всякого зла – диавол, а не какая-нибудь добродетель. «Со всею осмотрительностью должно наблюдать, – говорит святой Макарий Великий, *– устрояемые врагом (диаволом) со всех сторон козни, обманы и злокварные действия. Как Святой Дух чрез Павла всем служит для всех* (1Кор.9:22), *так и лукавый дух старается злобно быть всем для всех, чтоб всех низвести в погибель. С молящимися притворяется и он молящимся, чтоб по поводу молитвы ввести в высокоумие; с постящимися постится, чтоб обольстить их самомнением и привести в умоисступление; с сведущими Священное Писание и он устремляется в исследование Писания, ища, по-видимому, знания, в сущности же стараясь привести их к превратному разумению Писания; с удостоившимися осияния светом, представляется и он имеющим этот дар, как говорит Павел:* «сатана преобразуется в ангела светла» (2Кор.11:14), *чтоб прельстив привидением как бы света, привлечь к себе. Просто сказать: он принимает на себя для всех всякие виды, чтоб действием, подобным действию добра, поработить себе подвижника, и, прикрывая себя благовидностью, низвергнуть его в погибель*[43]. Мне случалось видеть старцев, занимавшихся исключительно усиленным телесным подвигом, и пришедших от него в величайшее самомнение, величайшее самообольщение. Душевные страсти их – гнев, гордость, лукавство, непокорство – получили необыкновенное развитие. Самость и самочиние преобладали в них окончательно. Они с решительностью и ожесточением отвергали все душеспасительнейшие советы и предостережения духовников, настоятелей, даже святителей: они, попирая правила не только смирения, но и скромности, самого приличия, не останавливались выражать пренебрежение к этим лицам самым наглым образом.

Некоторый Египетский инок в начале IV века сделался жертвою ужаснейшей бесовской прелести. Первоначально он впал в высокоумие, потом, по причине высокоумия, поступил под особенное влияние лукавого духа. Диавол, основываясь на произвольном высокоумии инока, озаботился развить в нем этот недуг, чтоб при посредстве созревшего и окрепшего высокоумия окончательно подчинить себе инока, вовлечь его в душепогибель. Вспомоществуемый демоном, инок достиг столь бедственного преуспеяния, что становился босыми ногами на раскаленные угли, и, стоя на них, прочитывал всю молитву Господню «Отче наш».

Разумеется, люди, не имевшие духовного рассуждения, видели в этом действии чудо Божие, необыкновенную святость инока, силу молитвы Господней, и прославляли инока похвалами, развивая в нем гордость и способствуя ему губить себя. Ни чуда Божия, ни святости инока тут не было; сила молитвы Господней тут не действовала, тут действовал сатана, основываясь на самообольщении человека, на ложно направленном произволении его, тут действовала бесовская прелесть...

Ученик. Что в человеке, какое условие в нем самом, делает его способным к прелести?

Старец. Преподобный Григорий Синаит говорит: «вообще, одна причина прелести, — гордость»[44]. *В гордости человеческой, которая есть самообольщение, диавол находит для себя удобное пристанище, и присоединяет свое обольщение к самообольщению человеческому. Всякий человек более или менее склонен к прелести: потому что «самая чистая природа человеческая имеет в себе нечто горделивое»*[45].

Основательны предостережения отцов! Должно быть очень осмотрительным, должно очень охранять себя от самообольщения и прелести. В наше время, при совершенном оскудении Боговдохновенных наставников, нужна особенная осторожность, особенная бдительность над собою. Они нужны при всех иноческих подвигах, наиболее нужны при молитвенном подвиге, который из всех подвигов – возвышеннейший, душеспасительнейший, наиболее наветуемый врагами[46]. «Со страхом... жительствуйте» (1Пет.1:17), завещавает Апостол. В упражнении молитвою Иисусовою есть свое начало, своя постепенность, свой конец бесконечный. Необходимо начинать упражнение с начала, а не с средины и не с конца, Святейший Каллист, патриарх Константинопольский, живописуя духовные плоды этой молитвы, говорит: «никто, из не наученных тайнам или из требующих млека, услышав высокое учение о благодатном действии молитвы, да не осмелится прикоснуться к нему. Возбранена такая несвоевременная попытка. Покусившихся на нее, и взыскавших преждевременно того, что приходит в свое время, усиливающихся взойти в пристанище бесстрастия в несоответствующем ему устроении, Отцы признают не иначе, как находящимися в умопомешательстве. Невозможно читать книг тому, кто не выучился грамоте»[47].

Ученик. Что значит начинать упражнение молитвою Иисусовою с средины и конца, и что значит начинать это упражнение с начала?

Старец. Начинают с средины те новоначальные, которые, прочитав в Отеческих писаниях наставление для упражнения в молитве Иисусовой, данное Отцами безмолвникам, то есть, монахам, уже весьма преуспевшим в монашеском подвиге, необдуманно принимают это наставление в руководство своей деятельности. Начинают с средины те, которые, без всякого предварительного приготовления, усиливаются взойти умом в сердечный храм, и оттуда воссылать молитву. С конца начинают те, которые ищут немедленно раскрыть в себе благодатную сладость молитвы и прочие благодатные действия ее. Должно начинать с начала, то есть, совершать молитву со «вниманием» и «благоговением», с целью «покаяния», заботясь единственно о том, чтоб эти три качества постоянно соприсутствовали молитве. Так и святой Иоанн Лествичник, этот великий делатель сердечной благодатной молитвы, предписывает находящимся в послушании молитву внимательную, а созревшим для безмолвия молитву сердечную. Для первых он признает невозможною молитву, чуждую рассеянности, а от вторых требует такой молитвы[48]. В обществе человеческом должно молиться одним умом, а наедине – и умом и устами, несколько вслух себе одному[49]. Особенное попечение, попечение самое тщательное должно быть принято о благоустроении нравственности сообразно учению Евангелия. Опыт не замедлит открыть уму молящегося теснейшую связь между заповедями Евангелия и молитвою Иисусовою. Эти заповеди служат для этой молитвы тем, чем служит елей для горящего светильника; без елея светильник не может быть возжен; при оскудении елея не может гореть: он гаснет, разливая вокруг себя дым зловонный... Истинное безмолвие состоит в усвоившейся сердцу Иисусовой молитве, – и некоторые из святых Отцов совершили великий подвиг сердечного безмолвия и затвора, окруженные молвою человеческою[50]. Единственно на нравственности, приведенной в благоустройство Евангельскими заповедями, единственно на этом твердом камне Евангельском, может быть воздвигнут величественный, священный, невещественный храм Богоугодной молитвы. Тщетен труд зиждущего на песце: на нравственности легкой, колеблющейся (Мф.7:26). Нравственность, приведенную в стройный, благолепный порядок, скрепленную навыком в исполнении евангельских заповедей, можно уподобить несокрушимому серебряному или золотому сосуду, который, один только, способен достойно принять и благонадежно сохранить в себе бесценное, духовное миро: молитву.

Святой Симеон Новый Богослов, рассуждая о случающейся безуспешности молитвенного подвига и о плевелах прелести, возникающих из него, приписывает причину и безуспешности, и прелести несохранению правильности и постепенности в подвиге. «Хотящие взойти, – говорит Богослов, – на высоты молитвенного преуспеяния, да не начинают идти сверху вниз, но да восходят снизу вверх, сперва на первую ступень лествицы, потом на вторую, далее на третью, наконец на четвертую. Таким образом всякий может восстать от земли, и взойти на небо. *Во-первых*, он должен подвизаться, чтоб укротить и умалить страсти. *Во-вторых*, он должен упражняться в псалмопении, то есть в молитве устной; когда умалятся страсти, тогда молитва, естественно доставляя веселие и сладость языку, вменяется благоугодною Богу. *В-третьих*, он должен заниматься умною молитвою». Здесь разумеется молитва, совершаемая умом в сердце; молитву внимательную новоначальных, при сочувствии сердца, Отцы редко удостаивают наименования умной молитвы, причисляя ее более к устной. *В-четвертых*, он должен восходить к видению. Первое составляет принадлежность новоначальных; второе – возрастающих в преуспеяние; третье – достигших крайнего преуспеяния; четвертое – совершенных». Далее Богослов говорит, что и подвизающиеся о умалении страстей должны приобучаться к хранению сердца и к внимательной молитве Иисусовой, соответствующей их устроению[51]. В общежитиях Пахомия Великого, произведших возвышеннейших делателей умной молитвы, каждого вновь вступившего в монастырь, во-первых, занимали телесными трудами под руководством старца в течение трех лет. Телесными трудами, частыми наставлениями старца, ежедневною исповедью внешней и внутренней деятельности, отсечением воли обуздывались страсти могущественно и быстро, доставлялась уму и сердцу значительная чистота. При упражнении в трудах преподавалось новоначальному соответствующее устроению его делание молитвы. По истечении трех лет требовалось от новоначальных изучение наизусть всего Евангелия и псалтыри, а от способных и всего Священного Писания, что необыкновенно развивает устную внимательную молитву. Уже после этого начиналось тайноучение умной молитве; объяснялось оно обильно и Новым, и Ветхим Заветами[52]. Таким образом монахи вводились в правильное понимание умной молитвы и в правильное упражнение ею. От прочности основания и от правильности в упражнении – дивным было преуспеяние[53].

Ученик. Имеется ли какое верное средство к предохранению себя от прелести вообще, при всех подвигах монашеских, и, в частности, при упражнении молитвою Иисусовою?

Старец. Как гордость есть вообще причина прелести, так смирение – добродетель, прямо противоположная гордости – служит верным предостережением и предохранением от прелести. Святой Иоанн Лествичник *назвал смирение «погублением страстей»*[54]. *Очевидно, что в том, в ком не действуют страсти, в ком обузданы страсти, не может действовать и прелесть, потому* что *«прелесть есть страстное или пристрастное уклонение души ко лжи на основании гордости»*.

При упражнении же молитвою Иисусовою, и вообще молитвою, вполне и со всею верностью предохраняет вид смирения, называемый «плачем». Плач есть сердечное чувство покаяния, спасительной печали о греховности и разнообразной, многочисленной немощи человека. Плач есть «дух сокрушен, сердце сокрушенно и смиренно, которое Бог не уничижит» (Пс.50:19), то есть не предаст во власть и поругание демонам, как предается им сердце гордое, исполненное самомнения, самонадеянности, тщеславия. Плач есть та единственная жертва, которую Бог принимает от падшего человеческого духа, до обновления человеческого духа Святым Божиим Духом. Да будет наша молитва проникнута чувством покаяния, да совокупится она с плачем, и прелесть никогда не воздействует в нас. Святой Григорий Синаит, в последней статье своего сочинения[55], в которой изложены им для подвижников молитвы предостережения от душепагубной прелести, говорит: «Не малый труд – достигнуть точно истины, и соделаться чистым от всего, сопротивного благодати, потому что обычно диаволу показывать, особливо пред новоначальными свою прелесть в образе истины, давая лукавому вид духовного. По этой причине подвизающийся в безмолвии достичь чистой молитвы, должен шествовать мысленным путем молитвы со многим трепетом и плачем, с испрошением наставления у искусных, всегда плакать о своих грехах, печалясь и боясь, как бы не подвергнуться муке, или не отпасть от Бога, не отлучиться от Него в этом или будущем веке. Если диавол увидит, что подвижник живет плачевно, то не пребывает при нем, не терпя смирения, происходящего от плача... Великое оружие – иметь при молитве и плач. Непрелестная молитва состоит в теплоте с молитвою

Иисусовою, которая (молитва Иисусова) и влагает огнь в землю сердца нашего, в теплоте, попаляющей страсти, как терние, производящей в душе веселие и тихость. Теплота эта не приходит с правой или с левой стороны, и не сверху, но прозябает в самом сердце, как источник воды от Животворящего Духа[56]. Возлюби ее единую найти и стяжать в сердце, соблюдая твой ум присно-немечтательным, чуждым разумений и помышлений, и не бойся. Сказавший: «Дерзайте Аз есмь, не бойтеся» (Мф.14:27), Он – с нами. Он – Тот, Кого мы ищем. Он всегда защитит нас, – и мы не должны бояться или воздыхать, призывая Бога. Если некоторые и совратились, подвергшись умоповреждению, то знай, что они подверглись этому от самочиния и высокомудрия». Ныне, по причине совершенного оскудения духоносных наставников, подвижник молитвы вынужден исключительно руководствоваться Священным Писанием и писаниями Отцов[57]. Это – гораздо труднее. Новая причина для сугубого плача!

ДУХ МОЛИТВЫ НОВОНАЧАЛЬНОГО

Введение

Здесь предлагается учение о качестве молитвы, свойственной начинающему идти к Господу путем покаяния. Главные мысли изложены каждая отдельно с тою целию, чтоб они могли быть читаемы с большим вниманием и удерживаемы в памяти с большею удобностию. Чтение их, питая ум истиною, а сердце смирением, может доставлять душе должное направление в ее молитвенном подвиге и служить к нему предуготовительным занятием.

1. Молитва есть возношение прошений наших к Богу.

2. Основание молитвы заключается в том, что человек – существо падшее. Он стремится к получению того блаженства, которое имел, но потерял, и потому – молится.

3. Пристанище молитвы – в великом милосердии Божием к роду человеческому. Сын Божий для спасения нас принес Себя Отцу Своему в умилостивительную, примирительную жертву – на этом основании, желая заняться молитвой, отвергни сомнение и двоедушие (Иак.1:6–8). Не скажи сам себе: «Я грешник; неужели Бог услышит меня?» Если ты грешник, то к тебе-то и относятся утешительные слова Спасителя: «не приидох... призвати праведники, но грешники на покаяние» (Мф.9:13).

4. Приготовлением к молитве служат: непресыщенное чрево, отсечение попечений мечом веры, прощение от искренности сердца всех обид, благодарение Богу за все скорбные случаи жизни, удаление от себя рассеянности и мечтательности, благоговейный страх, который так свойственно иметь созданию, когда оно будет допущено к беседе с Создателем своим по неизреченной благости Создателя к созданию.

5. Первые слова Спасителя к падшему человечеству были: «покайтеся, приближися бо Царство Небесное» (Мф.4:17). Почему, доколе не войдешь в это Царство, стучись во врата его покаянием и молитвою.

6. Истинная молитва есть голос истинного покаяния. Когда молитва не одушевлена покаянием, тогда она не исполняет своего назначения, тогда не благоволит о ней Бог. Он не уничижит «дух сокрушен, сердце сокрушенно и смиренно» (Пс.50:19).

7. Спаситель мира называет блаженными «нищих духом», то есть имеющих о себе самое смиренное понятие, считающих себя существами падшими, находящимися здесь, на земле, в изгнании, вне истинного своего отечества, которое – Небо. «Блажени нищие духом», молящиеся при глубоком сознании нищеты своей, «яко тех есть Царствие Небесное» (Мф.5:3). «Блажени плачущии» в молитвах своих от ощущения нищеты своей, «яко тии утешатся» (Мф.5:4) благодатным утешением Святаго Духа, которое состоит в Христовом мире и в любви о Христе ко всем ближним. Тогда никто из ближних, и злейший враг, не исключен из объятий любви молящегося; тогда молящийся бывает примирен со всеми тягостнейшими обстоятельствами земной жизни.

8. Господь, научая нас молитве, уподобляет молящуюся душу вдовице, обижаемой соперником, приседящей неотступно судии беспристрастному и нелицеприятному

(Лк.18:1–8). Не удаляйся расположением души при молитве от этого подобия. Молитва твоя да будет, так сказать, постоянною жалобою на насилующий тебя грех. Углубись в себя, раскрой себя внимательною молитвою – увидишь, что ты точно вдовствуешь в отношении ко Христу по причине живущего в тебе греха, тебе враждебного, производящего в тебе внутренние борьбу и мучение, соделывающего тебя чуждым Богу.

9. «Весь день, – говорит о себе Давид, – весь день земной жизни сетуя хождах» (Пс.37:7), препроводил в блаженной печали о грехах и недостатках своих: «яко лядвия моя наполнишася поруганий, и несть исцеления в плоти моей» (Пс.37:8). Лядвиями названо шествие по пути земной жизни, плотию – нравственное состояние человека. Все шаги всех человеков на этом пути преисполнены преткновений; их нравственное состояние не может быть уврачевано никакими собственными средствами и усилиями. Для исцеления нашего необходима благодать Божия, исцеляющая только тех, которые признают себя больными. Истинное признание себя больным доказывается тщательным и постоянным пребыванием в покаянии.

10. «Работайте Господеви со страхом и радуйтеся Ему с трепетом», говорит пророк (Пс.2:11), а другой пророк говорит от лица Божия: «на кого воззрю, токмо на кроткаго и молчаливаго и трепещущаго словес Моих» (Ис.66:2). Господь «призре на молитву смиренных, и не уничижи моления их» (Пс.101, 18). Он – «даяй живот», то есть спасение, «сокрушеным сердцем» (Ис.57:15).

11. Хотя бы кто стоял на самой высоте добродетелей, но если он молится не как грешник – молитва его отвергается Богом[58].

12. В тот день, в который я не плачу о себе, сказал некоторый блаженный делатель истинной молитвы, счи-

таю себя находящимся в самообольщении (Эти слова произнес иеросхимонах Афанасий, безмолвствовавший в башне Свенского монастыря Орловской епархии, некоторому страннику, посетившему его в 1829 г.).

13. Хотя бы мы проходили многие возвышеннейшие подвиги, сказал святой Иоанн Лествичник, но они неистинны и бесплодны, если при них не имеем болезненного чувства покаяния[59].

14. Печаль мысли о грехах есть честный дар Божий; носящий ее в персях своих с должным хранением и благоговением носит святыню. Она заменяет собою все телесные подвиги при недостатке сил для совершения их[60]. Напротив того, от сильного тела требуется при молитве труд; без него сердце не сокрушится, молитва будет бессильною и неистинною[61].

15. Чувство покаяния хранит молящегося человека от всех козней диавола: бежит диавол от подвижников, издающих из себя благоухание смирения, которое рождается в сердце кающихся[62].

16. Приноси Господу в молитвах твоих младенческое лепетание, простую младенческую мысль – не красноречие, не разум. «Аще не обратитеся», – как бы из язычества и магометанства, из вашей сложности и двуличности «и будете, – сказал нам Господь, – яко дети, не внидете в Царство Небесное» (Мф.18:3)[63].

17. Младенец выражает плачем все свои желания – и твоя молитва пусть всегда сопровождается плачем. Не только при словах молитвы, но и при молитвенном молчании пусть выражается плачем твое желание покаяния и примирения с Богом, твоя крайняя нужда в милости Божией.

18. Достоинство молитвы состоит единственно в качестве, а не в количестве. Тогда похвально количество, когда оно приводит к качеству. Качество всегда приводит

к количеству; количество приводит к качеству, когда молящийся молится тщательно[64].

19. Качество истинной молитвы состоит в том, когда ум во время молитвы находится во внимании, а сердце сочувствует уму.

20. Заключай ум в произносимых словах молитвы – и сохранишь его во внимании[65]. Имей глаза на устах или закрытыми[66] – этим будешь способствовать соединению ума с сердцем. Произноси слова с крайнею неспешностию – и будешь удобнее заключать ум в слова молитвы: ни одно слово твоей молитвы не будет произнесено, не будучи одушевлено вниманием.

21. Ум, заключаясь в слова молитвы, привлекает сердце в сочувствие себе. Это сочувствие сердца уму выражается умилением, которое есть благочестивое чувство, соединяющее в себе печаль с тихим, кротким утешением[67].

22. Необходимые принадлежности молитвы – «пождание»[68]. Когда чувствуешь сухость, ожесточение, не оставляй молитвы: за пождание твое и подвиг против сердечного нечувствия низойдет к тебе милость Божия, состоящая в умилении. Умиление – дар Божий, ниспосылаемый пребывающим и претерпевающим в молитвах (Рим.12:12; Кол.4:2), постоянно возрастающий в них, руководствующий их к духовному совершенству.

23. Ум, предстоя внимательною молитвою пред невидимым Богом, должен быть и сам невидим, как образ невидимого Божества, то есть ум не должен представлять ни в себе, ни из себя, ни пред собою никакого вида – должен быть совершенно безвидным. Иначе: ум должен быть вполне чужд мечтания, сколько бы ни казалось это мечтание непорочным и святым[69].

24. Во время молитвы не ищи восторгов, не приводи в движение твоих нервов, не горячи крови. Напротив –

содержи сердце в глубоком спокойствии, в которое оно приводится чувством покаяния: вещественный огнь, огнь естества падшего, отвергается Богом. Сердце твое нуждается в очищении плачем покаяния и молитвою покаяния; когда же оно очистится, тогда Сам Бог ниспослет в него Свой всесвятой духовный огонь[70].

25. Внимание при молитве приводит нервы и кровь в спокойствие, способствует сердцу погружаться в покаяние и пребывать в нем. Не нарушает тишины сердечной и Божественный огонь, если он низойдет в сердечную горницу, когда в ней будут собраны ученики Христовы – помыслы и чувствования, заимствованные из Евангелия. Этот огнь не опаляет, не горячит сердца, напротив того, орошает, прохлаждает его, примиряет человека со всеми людьми и со всеми обстоятельствами, влечет сердце в неизреченную любовь к Богу и к ближним[71].

26. Рассеянность окрадывает молитву. Помолившийся с рассеянностью ощущает в себе безотчетливую пустоту и сухость. Постоянно молящийся с рассеянностью лишается всех плодов духовных, обыкновенно рождающихся от внимательной молитвы, усваивает себе состояние сухости и пустоты. Из этого состояния рождается хладность к Богу, уныние, омрачение ума, ослабление веры и от них мертвость в отношении к вечной, духовной жизни. Все же это, вместе взятое, служит явным признаком, что такая молитва не принимается Богом.

27. Мечтательность в молитве еще вреднее рассеянности. Рассеянность делает молитву бесплодною, а мечтательность служит причиною плодов ложных: самообольщения и так называемой святыми отцами бесовской прелести. Изображения предметов видимого мира и сочиняемые мечтательностию изображения мира невидимого, напечатлеваясь и замедляя в уме, соделывают его как бы вещественным, переводят из божественной

страны духа и истины в страну вещества и лжи. В этой стране сердце начинает сочувствовать уму не духовным чувством покаяния и смирения, а чувством плотским, чувством кровяным и нервным, безвременным и беспорядочным чувством наслаждения, столько несвойственного грешникам, чувством неправильным и ложным мнимой любви к Богу. Преступная и мерзостная любовь представляется неискусным в духовных опытах святою, а на самом деле она – только беспорядочное ощущение неочищенного от страстей сердца, наслаждающегося тщеславием и сладострастием, приведенными в движение мечтательностью. Такое состояние есть состояние самообольщения. Если человек укоснит в нем, то являющиеся ему образы получают чрезвычайную живость и привлекательность. Сердце при явлении их начинает разгорячаться и наслаждаться беззаконно, или, по определению Священного Писания, прелюбодействовать (Пс.72:27). Ум признает такое состояние благодатным, божественным. Тогда – близок переход к явной прелести бесовской, при которой человек теряет самовластие, делается игралищем и посмешищем лукавого духа. От мечтательной молитвы, приводящей человека в это состояние, с гневом отвращается Бог. И сбывается над молящимся такою молитвою приговор Писания: «молитва его да будет в грех» (Пс.108:7)[72].

28. Отвергай благие по видимому помышления и светлые по видимому разумения, приходящие к тебе во время молитвы, отвлекающие тебя от молитвы[73]. Они выходят из области лжеименного разума, восседают, как бы всадники на конях, на тщеславии. Закрыты мрачные лица их, чтоб ум молящегося не мог узнать в них врагов своих. Но по тому именно, что они враждебны молитве, отвлекают от нее ум, уводят его в плен и тягостное порабощение, обнажают и опустошают душу, – по тому имен-

но познаются, что они враги, и из области миродержца. Духовный разум, разум Божий содействует молитве, сосредоточивает человека в самом себе, погружает его во внимание и умиление, наводит на ум благоговейное молчание, страх и удивление, рождающиеся от ощущения присутствия и величия Божиих. Это ощущение в свое время может очень усилиться и соделать молитву для молящегося Страшным судилищем Божиим[74].

29. Внимательная молитва, чуждая рассеянности и мечтательности, есть видение невидимого Бога, влекущего к Себе зрение ума и желание сердца. Тогда ум зрит безвидно и вполне удовлетворяет себя невидением, превысшим всякого видения. Причина этого блаженного невидения есть бесконечная тонкость и непостижимость Предмета, к Которому направлено зрение. Невидимое Солнце правды – Бог испускает и лучи невидимые, но познаваемые явственным ощущением души: они исполняют сердце чудным спокойствием, верою, мужеством, кротостию, милосердием, любовию к ближним и Богу. По этим действиям, зримым во внутренней сердечной клети, человек признает несомненно, что молитва его принята Богом, начинает веровать живою верою и твердо уповать на Любящего и Любимого. Вот начало оживления души для Бога и блаженной вечности[75].

30. Плоды истинной молитвы: святой мир души, соединенный с тихою, молчаливою радостию, чуждою мечтательности, самомнения и разгоряченных порывов и движений; любовь к ближним, не разлучающая для любви добрых от злых, достойных от недостойных, но ходатайствующая о всех пред Богом, как о себе, как о своих собственных членах. Из такой любви к ближним воссияет чистейшая любовь к Богу.

31. Эти плоды – дар Божий. Они привлекаются в душу ее вниманием и смирением, хранятся ее верностию к Богу.

32. Душа тогда пребывает в верности Богу, когда удаляется всякого слова, дела и помышления греховного, когда немедленно раскаивается в тех согрешениях, в которые увлекается по немощи своей.

33. То, что желаем стяжать дар молитвы, доказываем терпеливым приседением молитвою при дверях молитвы. За терпение и постоянство получаем дар молитвы. «Господь, – говорит Писание, – даяй молитву, – благодатную молящемуся» (1Цар.2:9) терпеливо при одном собственном усилии.

34. Для новоначальных полезнее краткие и частые моления, нежели продолжительные, удаленные одно от другого значительным пространством времени[76].

35. Молитва есть высшее упражнение для ума.

36. Молитва есть глава, источник, мать всех добродетелей[77].

37. Будь мудр в молитве твоей. Не проси в ней ничего тленного и суетного, помня заповедание Спасителя: «Ищите же прежде Царствия Божия и правды его, и сия вся», то есть все потребности для временной жизни, «приложатся вам» (Мф.6:33)[78].

38. Намереваясь сделать что или желая чего, также в затруднительных обстоятельствах жизни повергай мысль твою в молитве пред Богом: проси того, что считаешь себе нужным и полезным, но исполнение и неисполнение твоего прошения предоставляй воле Божией в вере и уповании на всемогущество, премудрость и благость воли Божией. Этот превосходный образ моления даровал нам Тот, Кто молился в саду Гефсиманском, – «да мимо идет... определенная Ему чаша. Обаче не Моя воля», заключил Он молитву Свою ко Отцу, – «но Твоя да будет» (Лк.22:42).

39. Приноси Богу смиренную молитву о совершаемых тобою добродетелях и благочестивых подвигах; очищай, совершенствуй их молитвою и покаянием. Говори о них в молитве твоей то, что говорил в ежедневной молитве своей праведный Иов о детях своих: «Негли когда сынове мои согрешиша и в мысли своей лукавая помыслиша противу Бога» (Иов.1:5). Лукава злоба: неприметно примешивается добродетели, оскверняет, отравляет ее.

40. Отвергнись всего, чтобы наследовать молитву, и, поднятый от земли на кресте самоотвержения, предай Богу дух, душу и тело твои, а от Него прими святую молитву, которая, по учению апостола и Вселенской Церкви, есть действие в человеке Святаго Духа, когда Дух вселится в человека[79].

Заключение

Кто небрежет о упражнении внимательною, растворенною покаянием молитвою, тот чужд преуспеяния духовного, чужд плодов духовных, находится во мраке многообразного самообольщения. Смирение есть единственный жертвенник, на котором дозволено человекам приносить молитвенные жертвы Богу, – единственный жертвенник, с которого молитвенные жертвы приемлются Богом [80]; молитва есть мать всех истинных, божественных добродетелей. Невозможно, невозможно никакое духовное преуспеяние для того, кто отверг смирение, кто не озаботился вступить в священный союз с молитвою. Упражнение молитвою есть завещание апостола: «непрестанно молитеся», говорит нам апостол (1Сол.5:17). Упражнение молитвою есть заповедь Самого Господа, заповедь, соединенная с обетованием. «Просите..., – приглашает нас Господь, повелевает нам Господь, – и дастся вам; ищите, и обрящете; толцыте, и отверзется вам» (Мф.7:7). «Не воздремлет, ниже уснет» (Пс.120:4) молитва, доколе не укажет возлюбившему ее и постоянно упражняющемуся в ней чертог наслаждений вечных, доколе не введет его в Небо. Там она преобразится в непрестанную жертву хвалы. Эту хвалу непрестанно будут приносить, будут прозозглашать неумолчно избранные Божии от непрестанного ощущения блаженства в вечности, прозябшего здесь, на земле и во времени, от семян покаяния, посеянных внимательною и усердною молитвою. Аминь.

СЛОВО О КЕЛЕЙНОМ МОЛИТВЕННОМ ПРАВИЛЕ

«Вниди в клеть твою и, затворив двери твоя, помолися Отцу твоему, Иже в тайне, и Отец твой, видяй в тайне, воздаст тебе яве» (Мф.6:6). Вот установление Самим Господом уединенной келейной молитвы.

Господь, заповедавший уединенную молитву, очень часто Сам во время Своего земного странствования, как повествует Евангелие, пребывал в ней. Он не имел где главу подклонить, и потому часто заменяли для Него безмолвную, спокойную келию безмолвные вершины гор и тенистые вертограды.

Пред исшествием Своим на страдания, которыми долженствовало быть куплено спасение рода человеческого, Господь молился в загородном, уединенном саду Гефсиманском. Во время молитвы Богочеловек преклонял колена; от усиленного молитвенного подвига обильный пот кровавыми каплями катился с лица Его на землю. Гефсиманский сад состоял из вековых масличных дерев. И днем, при свете лучей солнечных, лежала в нем густая тень, а тогда лежала на нем темная ночь Палестины. Никто не разделял с Господом Его молитвы: вдали Его были спящие ученики, вокруг — спящая природа. Сюда с факелами и вооруженною толпою пришел предатель: предатель знал любимое место и время молитв Иисусовых.

Темнота ночи закрывает предметы от любопытных взоров, тишина безмолвия не развлекает слуха. В безмолвии и ночью можно молиться внимательнее. Господь избирал для молитвы Своей преимущественно уединение и ночь, избирал их с тем, чтоб мы не только повиновались Его заповеданию о молитве, но и последовали Его примеру. Господу, для Него Самого, нужна ли была молитва? Пребывая как человек с нами на земле, Он вместе как Бог неразлучно был с Отцом и Духом, имел с Ними едину Божественную волю и Божественную власть.

«Вниди в клеть твою и, затворив двери твоя, помолися Отцу твоему, Иже в тайне». Пусть о молитве твоей не знает никакая «шуйца» твоя! Ни друг твой, ни родственник, ни самое тщеславие, сожительствующее сердцу твоему и подстрекающее высказать кому-нибудь о молитвенном подвиге твоем, намекнуть о нем.

Затвори двери келии твоей от людей, приходящих для пустословия, для похищения у тебя молитвы; затвори двери ума от посторонних помышлений, которые предстанут, чтоб отвлечь тебя от молитвы; затвори двери сердца от ощущений греховных, которые покусятся смутить и осквернить тебя, – «и помолись».

Не дерзни приносить Богу многоглагольных и красноречивых молитв, тобою сочиненных, как бы они ни казались тебе сильны и трогательны: они – произведение падшего разума и, будучи жертвою оскверненною, не могут быть приняты на духовный жертвенник Божий. А ты, любуясь изящными выражениями сочиненных тобою молитв и признавая утонченное действие тщеславия и сладострастия за утешение совести и даже благодати, увлечешься далеко от молитвы. Ты увлечешься далеко от молитвы в то самое время, когда тебе будет представляться, что ты молишься обильно и уже достиг некоторой степени богоугождения.

Душа, начинающая путь Божий, погружена в глубокое неведение всего божественного и духовного, хотя б она была и богата мудростию мира сего. По причине этого неведения она не знает, как и сколько должно ей молиться. Для вспомоществования младенствующей душе святая Церковь установила молитвенные «правила». Молитвенное правило есть собрание нескольких молитв, сочиненных боговдохновенными святыми отцами, приспособленное к известному обстоятельству и времени.

Цель правила – доставить душе недостающее ей количество молитвенных мыслей и чувств, притом мыслей и чувств правильных, святых, точно богоугодных. Такими мыслями и чувствованиями наполнены благодатные молитвы святых отцов.

Для молитвенного упражнения утром имеется особенное собрание молитв, называемое «утренними молитвами» или «утренним правилом»; для ночного моления пред отшествием ко сну – другое собрание молитв, именуемое «молитвами на сон грядущим» или «вечерним правилом». Особенное собрание молитв прочитывается готовящимся ко причащению Святых Христовых Таин и называется «правилом ко святому причащению». Посвятившие обильную часть своего времени благочестивым упражнениям прочитывают около 3-го часа пополудни особенное собрание молитв, называемое «ежедневным» или «иноческим правилом». Иные прочитывают ежедневно по нескольку кафизм[81], по нескольку глав из Нового Завета, полагают несколько поклонов – все это называется «правилом».

Правило! Какое точное название, заимствованное из самого действия, производимого на человека молитвами, называемыми правилом! Молитвенное правило направляет правильно и свято душу, научает ее поклоняться

Богу «духом и истиною» (Ин.4:23), между тем как душа, будучи предоставлена самой себе, не могла бы идти правильно путем молитвы. По причине своего повреждения и омрачения грехом она совращалась бы непрестанно в стороны, нередко в пропасти: то в рассеянность, то в мечтательность, то в различные пустые и обманчивые призраки высоких молитвенных состояний, сочиняемых ее тщеславием и самолюбием.

Молитвенные правила удерживают молящегося в спасительном расположении смирения и покаяния, научая его непрестанному самоосуждению, питая его умилением, укрепляя его надеждою на всеблагого и всемилосердого Бога, увеселяя миром Христовым, любовию к Богу и ближним.

Как возвышенны и глубоки «молитвы ко святому причащению!» Какое превосходное приготовление они доставляют приступающему к Святым Христовым Тайнам! Они убирают и украшают дом души чудными помышлениями и ощущениями, столько благоугодными Господу. Величественно изображено и объяснено в этих молитвах величайшее из таинств христианских; в противоположность этой высоте живо и верно исчислены недостатки человека, показаны его немощь и недостоинство. Из этих молитв сияет, как солнце с неба, непостижимая благость Бога, по причине которой Он благоволит тесно соединяться с человеком, несмотря на ничтожность человека.

Утренние молитвы так и дышат бодростию, свежестию утра: увидевший свет чувственного солнца и свет земного дня научается желать зрения высшего, духовного света и дня бесконечного, производимых Солнцем правды – Христом.

Краткое успокоение сном во время ночи – образ продолжительного сна во мраке могилы. И воспоминают нам «молитвы на сон грядущим» преселение наше в вечность, обозревают всю нашу деятельность в течение дня, научают приносить Богу исповедание содеянных согрешений и покаяние в них.

Молитвенное чтение акафиста Сладчайшему Иисусу, кроме собственного своего достоинства, служит превосходным приготовлением к упражнению молитвою Иисусовою, которая читается так:

«Господи Иисусе Христе, Сыне Божий, помилуй мя, грешного».

Эта молитва составляет почти единственное упражнение преуспевших подвижников, достигших в простоту и чистоту, для которых всякое многомышление и многословие служит обременительным развлечением. Акафист показывает, какими мыслями может быть сопровождаема молитва Иисусова, представляющаяся для новоначальных крайне сухою. Он на всем пространстве своем изображает одно прошение грешника о помиловании Господом Иисусом Христом, но этому прошению даны разнообразные формы, сообразно младенчественности ума новоначальных. Так младенцам дают пищу, предварительно размягченную.

В акафисте Божией Матери воспето вочеловечение Бога Слова и величие Божией Матери, Которую за рождение Ею вочеловечившегося Бога ублажают «вси роди» (Лк.1:48). Как бы на обширной картине, бесчисленными дивными чертами, красками, оттенками изображено в акафисте великое таинство вочеловечения Бога Слова. Удачным освещением оживляется всякая картина – и необыкновенным светом благодати озарен акафист Божией Матери. Свет этот действует сугубо: им просвещается ум, от него сердце исполняется радости и извещения. Непостижимое приемлется, как бы вполне постигнутое, по чудному действию, производимому на ум и сердце.

Многие благоговейные христиане, в особенности иноки, совершают очень продолжительное вечернее правило, пользуясь тишиною и мраком ночи. К молитвам на сон грядущим они присовокупляют чтение кафизм, чтение Евангелия, Апостола, чтение акафистов и поклоны с молитвою Иисусовою. В те часы, в которые слепотствующий мир предается буйным и шумным увеселениям, рабы Христовы плачут в тишине своих келий, изливая усердные молитвы пред Господом. Проведши ночь в бдении безумном, сыны мира встречают наступающий день в омрачении и унынии духа; в веселии и бодрости духа, в сознании и ощущении необыкновенной способности к богомыслию и ко всем благим делам встречают рабы Божии тот день, которому предшествующую ночь они провели в молитвенном подвиге.

Господь повергался на колени во время молитвы Своей — и ты не должен пренебрегать коленопреклонениями, если имеешь достаточно сил для совершения их. Поклонением до лица земли, по объяснению отцов, изображается наше падение, а восстанием с земли — наше искупление[82]. Пред начатием вечернего правила особенно полезно положить посильное число поклонов: от них тело несколько утомится и согреется, а сердцу сообщится чувство благочестивой печали; тем и другим приготовится чтение правила усердное и внимательное.

При совершении правила и поклонов никак не должно спешить; должно совершать и правила и поклоны с возможною неспешностию и вниманием. Лучше менее прочитать молитв и менее положить поклонов, но со вниманием, нежели много без внимания.

Избери себе правило, соответствующее силам. Сказанное Господом о субботе, что она для человека, а не человек для нее (Мк.2:27), можно и должно отнести ко всем подвигам благочестивым, а между ними и к молитвенному правилу. Молитвенное правило – для человека, а не человек для правила: оно должно способствовать человеку к достижению духовного преуспеяния, а не служить бременем неудобоносимым, сокрушающим телесные силы и смущающим душу. Тем более оно не должно служить поводом к гордостному и пагубному самомнению, к пагубному осуждению и унижению ближних.

Благоразумно избранное молитвенное правило, соответственно силам и роду жизни, служит большим пособием для подвизающегося о спасении своем. Совершать его в положенные часы обращается в навык, в необходимую естественную потребность. Стяжавший этот блаженный навык едва приближается к обычному месту совершения правил, как душа его уже наполняется молитвенным настроением: он не успел еще произнести ни одного слова из читаемых им молитв, а уже из сердца преливается умиление и ум углубился весь во внутреннюю клеть.

«Предпочитаю, – сказал некоторый великий отец[83], – непродолжительное правило, но постоянно исполняемое, продолжительному, но в скором времени оставляемому». А такую участь всегда имеют молитвенные правила, несоразмерные силе: при первом порыве горячности подвижник выполняет их некоторое время, конечно обращая более внимания на количество, нежели на качество; потом изнеможение, производимое подвигом, превосходящим силы, постепенно принуждает его сокращать и сокращать правила.

И часто подвижники, безрассудно уставившие для себя обременительное правило, переходят от многотрудного правила прямо к оставлению всякого правила. По оставлении правила и даже при одном сокращении его непременно нападает на подвижника смущение. От смущения он начинает чувствовать душевное расстройство.

От расстройства рождается уныние. Усилившись, оно производит расслабление и исступление, а от действия их безрассудный подвижник предается праздной, рассеянной жизни, с равнодушием впадает в самые грубые согрешения.

Избрав для себя соразмерное силам и душевной потребности молитвенное правило, старайся тщательно и неупустительно исполнять его: это нужно для поддержания нравственных сил души твоей, как нужно для поддержания телесных сил ежедневное в известные часы достаточное употребление здоровой пищи.

«Не за оставление псалмов осудит нас Бог в день суда Своего, – говорит святой Исаак Сирский, – не за оставление молитвы, но за последующий оставлению их вход в нас бесов. Бесы, когда найдут место, войдут и затворят двери очей наших – тогда исполняют нами, их орудиями, насильственно и нечисто, с лютейшим отмщением все воспрещенное Богом. И по причине оставления малого (правила), за которое сподобляются заступления Христова, мы делаемся подвластными (бесам), как написано некоторым премудрым: «Не покоряющий воли своей Богу подчинится сопернику своему». Эти (правила), кажущиеся тебе малыми, соделаются для тебя стенами против старающихся пленить нас. Совершение этих (правил) внутри келии премудро установлено учредителями церковного устава по откровению свыше, для хранения живота нашего»[84].

Великие отцы, пребывавшие от обильного действия благодати Божией в непрестанной молитве, не оставляли и правил своих, которые обыкли они совершать в известные часы нощеденствия. Многие доказательства этого видим в житиях их: Антоний Великий, совершая правила девятого часа – церковный девятый час соответствует третьему часу пополудни, – сподобился Божественного откровения; когда преподобный Сергий Радонежский занимался молитвенным чтением акафиста Божией Матери, явилась ему Пресвятая Дева в сопровождении апостолов Петра и Иоанна.

Возлюбленнейший брат! Покори свою свободу правилу: оно, лишив тебя свободы пагубной, свяжет тебя только для того, чтоб доставить тебе свободу духовную, свободу во Христе. Цепи сначала покажутся тягостными, потом сделаются драгоценными для связанного ими. Все святые Божии приняли на себя и несли благое иго молитвенного правила – подражанием им и ты последуй в этом случае Господу нашему Иисусу Христу, Который, вочеловечившись и указуя нам Собою образ поведения, действовал так, как действовал Отец Его (Ин. 5, 19), говорил то, что заповедал Ему Отец (Ин. 12, 49), имел целию исполнение во всем воли Отца (Ин. 5, 30). Воля Отца и Сына и Святаго Духа – одна. По отношению к человекам она заключается в спасении человеков.

Всесвятая Троице, Боже наш! Слава Тебе. Аминь.

СЛОВО О ЦЕРКОВНОЙ МОЛИТВЕ

Без всякого сомнения, превосходнейшее по достоинству своему из всех зданий земных есть «храм», или «дом» Божий, «церковь»; слова эти тождезначущи[85]. Хотя Бог присутствует повсюду, но в церкви присутствие Его проявляется особенным образом — самым ощутительным и самым полезнейшим для человека. Тогда только явление Бога еще полезнее и еще ощутительнее для человека, когда человек сам соделается храмом Божиим, соделавшись обителию Святаго Духа, подобно апостолам и другим величайшим святым. Но такого состояния достигают весьма редкие из христиан. И потому, оставляя до другого времени беседу о нерукотворенном, богозданном, словесном храме Божием — человеке и о богослужении, какое в нем должно отправляться, побеседуем теперь о вещественном Божием храме, созданном руками человеческими, о молитвословиях, отправляемых в нем, о обязанности христианина тщательно посещать храм Божий, о пользе такового посещения.

Божий храм есть земное Небо. «В храме славы Твоея, Господи, стояще, на Небеси стояти мним», — воспевает святая Церковь[86]. Храм есть место общения Бога с человеками: в нем совершаются все христианские таинства. Божественная литургия и хиротония не могут быть совершены нигде, как только в храме. И прочие таинства также должны быть совершаемы в храме; по крайней нужде допускается совершение их, особливо исповеди и елеосвящения, в домах. Деннонощно храм Божий оглашается славословием Бога; для слов мира сего в нем нет места. Все в храме Божием свято: и самые стены, и помост, и воздух. Постоянно хранит его ангел Божий; ангелы Божии и святые торжествующей Церкви нисходят в него. Присутствие в таком священном здании составляет величайшее счастие для земного странника. Святой пророк Давид, хотя был царь, хотя имел обширные и великолепные палаты, хотя обладал всеми средствами земного наслаждения и увеселения, но, как бы рассмотрев все и оценив все должным образом, сказал: «Едино просих от Господа, то взыщу: еже жити ми в дому Господни вся дни живота моего, зрети ми красоту Господню и посещати храм святый Его» (Пс.26:4). Это произнес устами Давида Святый Дух. Кто во время земной жизни будет по возможности часто посещать храм Божий, как бы жить в нем, – тот, разлучившись с телом, весьма удобно перейдет для вечного празднования в небесный нерукотворенный храм, которого зиждитель – Бог. В храме мы и молимся, и назидаемся, и очищаемся от грехов, и сообщаемся с Богом.

Пример посещения храма Божия показал нам Спаситель (Ин.7:14), показали и святые апостолы (Деян.3:1). Христиане всех времен признавали тщательное посещение храма Божия своею неотложною обязанностью. Святой Димитрий Ростовский уподобляет посещение храма, во время всех отправляемых в нем молитвословий, царской дани, которую каждый ежедневно должен выплатить[87]. Если присутствие при каждом богослужении, совершаемом в церкви, признается святым пастырем непременною обязанностью каждого благочестивого христианина – тем более такое присутствие есть священная обязанность инока. От дани увольняются нищие по нищете своей – и от постоянного хождения в церковь увольняются больные, удерживаемые недугом в келии своей. От дани свободны сановники царя – и от постоянного хождения в церковь свободны преуспевшие иноки, упражняющиеся в умственных подвигах и пожинающие от них обильный плод, долженствующий быть скрытым от людей. От дани свободны воины и все находящиеся в царской и государственной службе – от постоянного хождения в церковь свободны иноки, занятые во время богослужения послушаниями. Блюди, чтоб под предлогом послушания, или келейного занятия умственным подвигом, или даже мнимой немощи не подействовала тайно и с оправданием кознь диавола, который ненавидит молитву как матерь добродетелей и как меч, сокрушающий лукавых духов, который употребляет все усилия и все средства, придавая этим средствам всевозможную благовидность, чтоб отвлечь человека от молитвы, обезоружить, обезоруженного погубить или уязвить[88].

Церковных молитвословий считается семь, но они совокупляются в три отдела:

1) вечерня, 2) повечерие, 3) полунощница, 4) утреня с первым часом, 5) третий час, 6) шестой час и 7) девятый час. «Вечерня», с которой начинается служба каждых суток, отправляется вместе с «повечерием» и «девятым часом»; «девятый час» читается пред «вечернею». «Утреня» отправляется с «первым часом» и «полунощницею»; «полунощница» читается пред утренею, «первый час» после «утрени». «Третий» и «шестой час» читаются вместе с «изобразительными», которые читаются после часов. Когда «утреня» соединяется с «вечернею» или великим повечерием, тогда молитвословие называется *всенощным бдением*. Оно отправляется пред великими праздниками, в честь праздников. Действие всенощного

бдения на подвижника заключается в том, что проведший в молитве значительную часть ночи с должным благоговением и вниманием ощущает на следующий день особенную легкость, свежесть, чистоту ума, способность к богомыслию. Посему-то сказал святой Исаак Сирский: «Сладость, даруемая подвижникам в течение дня, источается из света нощных молитв (ночного делания) на ум чистый»[89]. *Божественная литургия* не причисляется к семи молитвословиям; она вне числа их, как особенное, священнейшее молитвословие, которым обставлено бескровное Божественное жертвоприношение[90].

Спасительный образ посещения храма Божия мы видим в представленном нам Евангелием посещении храма мытарем (Лк.18:10–14). Мытарь встал в глубине храма, не считал для себя позволительным возвести глаза к небу, но ударял в грудь, говоря: «Боже, милостив буди мне, грешному». Мытарь вышел из церкви, привлекши к себе благость Божию. И ты, пришедши в церковь, если не имеешь какого послушания в ней, встань сзади, в скромном углу или за столпом, чтоб тебе самому не развлекаться и чтоб твое благоговение не было выставлено на позор другим; устреми око ума к сердцу, а телесное око к земле и помолись Богу в сокрушении духа, не признавая за собою никакого достоинства, никакой добродетели, признавая себя виновным в бесчисленном множестве согрешений, ведомых тобою и неведомых. Мы очень много согрешаем и в неведении, и по причине нашей ограниченности, и по причине повреждения природы нашей грехом. Божественное Писание говорит: «сердце сокрушенно и смиренно Бог не уничижит» (Пс.50:19). И ты если помолишься с сознанием греховности и нищеты своей, то Бог услышит «от храма святаго Своего глас» твой и молитвенный «вопль» твой «пред Ним внидет во уши Его» (Пс.17:7) – Он прольет на тебя Свою богатую милость. Если ты имеешь какую-либо обязанность при храме, то исполняй ее с величайшим благоговением и осторожностью, как служащий Богу, а не человекам.

Вместе с упомянутым мытарем, повествует Евангелие, взошел в церковь для молитвы фарисей. Как лицо с значением, фарисей встал на видном месте. Вероятно, у него была мысль – она обычна всем фарисеям – принести назидание присутствующему народу своим благоприличным стоянием и молением. Тщеславие он вменял неопасным для себя, как преуспевший в добродетели, а некоторое лицемерство извинительным в видах общей пользы. В чем же заключалась молитва фарисея? Он, во-первых, прославил Бога. Начало хорошее. Но вслед за тем принялся исчислять не благодеяния Божии, а свои заслуги и доблести, так что по такому исчислению следовало бы и началу быть иному. Фарисей правильнее бы начал, если б начал прямо с прославления себя, а не Бога. Бог прославлен только проформою, для некоторого прикрытия гордости. Гордость эта проявилась в осуждении и уничижении ближнего, которого совесть неизвестна была фарисею, которого сознание в грехах привлекло милость Божию. Фарисей, лицемерно прославив Бога, говорил: «несмь, якоже прочии человецы, хищницы, неправедницы, прелюбодее или якоже сей мытарь. Пощуся двакраты в субботу, десятину даю всего, елико притяжу». Здесь очевидны несознание своей греховности, сознание своего достоинства, истекающая из них гордость, высказывающаяся осуждением и унижением ближнего. Молитва фарисея не была принята Господом, Который в заключение сей приточной повести сказал: «всяк возносяйся смирится, смиряяй же себе вознесется». Из этого видно, что каждый желающий, чтоб молитва его была принята Богом, должен приносить ее из сознания своей греховности и крайней недостаточности по отношению к добродетели; должен приносить ее, отвергнув сознание своих достоинств, точно ничтожных пред необъемлемым достоинством Бога; должен приносить ее из сердца, смирившегося пред всеми ближними, из сердца, полюбившего всех ближних, из сердца, простившего ближним все оскорбления и обиды. «Аз же, — говорит молитвенно Богу пророк, — множеством милости Твоея вниду в дом Твой, поклонюся ко храму святому Твоему, во страсе Твоем» (Пс.5:8).

Великая милость Божия к человеку — учреждение общественных молитвословий в святых Божиих храмах. Эти молитвословия установлены апостолами, их святыми учениками и святыми отцами первых веков христианства по откровению свыше[91]. В этих молитвословиях каждый христианин может принимать участие; и неграмотный усваивает себе познания, красноречие, поэзию духовных, святых витий и книжников христианства. При этих молитвословиях желающий может весьма удобно обучиться умственной молитве: количество молитвы приводит к качеству, сказали отцы, и потому продолжительные монастырские молитвословия очень способствуют подвижнику перейти от устной молитвы к умственной и сердечной. Церковные молитвословия содержат в себе пространное христианское догматическое и нравственное богословие — посещающий неупустительно церковь и тщательно внимающий ее чтению и песнопению может отчетливо изучиться всему нужному для православного христианина на поприще веры.

Блажен инок, всегда живущий близ храма Божия! Он живет близ Неба, близ рая, близ спасения. Не отвергнем спасения, которое милосердием Божиим преподано нам, так сказать, в руки. Особливо новоначальный инок должен неупустительно посещать церковь. В лета старости и изнеможения, когда и годы и болезненность заключат инока почти неисходно в келии, он будет питаться тем духовным припасом, который собрал во время юности и крепости своей, приметаясь в дому Божием. Духовным припасом называю умственную и сердечную молитву. Милосердый Господь да сподобит нас воспользоваться как должно нашим монашеством и прежде отшествия из земной жизни переселиться умом и сердцем на Небо. Туда может вознести нас молитва, когда осенит ее Божественная благодать и молитва в человеке соделается уже не молитвою человека, но молитвою Святаго Духа, ходатайствующего о человеке «воздыхании неизглаголанными» (Рим.8:26). Аминь.

СЛОВО О МОЛИТВЕ УСТНОЙ И ГЛАСНОЙ

Никто из желающих преуспеть в молитве да не дерзает легко мыслить и судить о молитве, произносимой устами и гласом при внимании ума, как о делании малозначащем, не заслуживающем уважения. Если святые отцы говорят о бесплодии устной и гласной молитвы, не соединенной со вниманием, то из этого не должно заключать, чтоб они отвергали или уничижали и самую устную молитву. Нет! Они только требуют при ней внимания. Внимательная устная и гласная молитва есть начало и причина умной. Внимательная устная и гласная молитва есть вместе и молитва умная. Научимся сперва молиться внимательно устною и гласною молитвою – тогда удобно научимся молиться и одним умом в безмолвии внутренней клети.

Устная и гласная молитва указана нам Священным Писанием; пример и ее, и гласного пения подал Сам Спаситель, подали святые апостолы по преемству от Господа. «И воспевше по окончании Тайной вечери, – повествует святой евангелист Матфей о Господе и Его апостолах, – изыдоша в гору Елеонску» (Мф. 26:30). Господь молился во услышание всех пред воскрешением четверодневного Лазаря (Ин.11:41–42). Заключенные в темнице святые апостол Павел и его спутник Сила в полночный час молились и воспевали Бога; прочие узники внимали им. Внезапно на голос их псалмопения «трус бысть велий, яко поколебатися основанию темничному: отверзошася же абие двери вся, и всем юзы ослабеша» (Деян. 16:26). Молитва святой Анны, матери пророка Самуила, приводимая часто святыми отцами в образец молитвы, не была единственно умная. «Та, – говорит Писание, – глаголаше в сердце своем, токмо устне ея двизастеся, а глас ея не слышашеся» (1Цар.1:13). Молитва эта хотя не была гласною, но, быв сердечною, была вместе и устною. Святой апостол Павел назвал устную молитву «плодом устен»; завещевает приносить «жертву хваления выну Богу, сиречь плод устен исповедающихся имени Его» (Евр.13:15); повелевает глаголати «себе во псалмех и пениих и песнех духовных», вместе с гласным и устным молением и песнопением «воспевающе и поюще в сердцах... Господеви» (Еф.5:19). Он порицает невнимательность в устной и гласной молитве. «Аще безвестен (неизвестный, непонятный) глас труба даст, – говорит он, – кто уготовится на брань? Тако и вы аще не благоразумно слово (то есть не разумеваемое) дадите языком, како уразумеется глаголемое? Будете бо на воздух глаголюще» (1Кор.14:8–9). Хотя апостол и сказал слова эти собственно о молящихся и возвещающих внушения Святаго Духа на иностранных языках, но святые отцы с справедливостью применяют их и к молящимся без внимания. Без внимания молящийся и потому не понимающий произносимых им слов что другое для себя самого, как не иностранец?

Основываясь на этом, преподобный Нил Сорский говорит, что молящийся гласом и устами без внимания молится на воздух, а не Богу[92]. «Странно твое желание, чтоб Бог тебя услышал, когда ты сам себя не слышишь!» – говорит святой Димитрий Ростовский[93], заимствуя слова у священномученика Киприана Карфагенского. А это точно случается с молящимися устами и гласом без внимания: они до того не слышат себя, до того допускают себе развлечение, так далеко удаляются мыслями от молитвы в посторонние предметы, что нередко случается им внезапно останавливаться, забыв, что читали; или же они начинают вместо слов читаемой молитвы говорить слова из других молитв, хотя открытая книга и пред их глазами. Как святым отцам не порицать такой невнимательной молитвы, повреждаемой, уничтожаемой рассеянностию! «Внимание, — говорит святой Симеон Новый Богослов, — должно быть столько связуемо и неразлучно с молитвою, сколько связуется тело с душою, которые не могут быть разлучены, не могут быть одно без другого. Внимание должно предварять и стеречь врагов, как некоторый страж; оно первое да подвизается на грех, да противостоит лукавым помыслам, приходящим к сердцу; вниманию же да последует молитва, немедленно истребляющая и умерщвляющая все лукавые помыслы, с которыми внимание во-первых начало борьбу, — ибо оно одно не может их умертвить. От этой борьбы, производимой вниманием и молитвою, зависит жизнь и смерть души. Если храним молитву посредством внимания чистою, то преуспеваем. Если же не стараемся хранить ее чистою, но оставляем нестрегомою, то ее оскверняют лукавые помыслы — мы соделываемся непотребными, лишаемся преуспеяния».

Устной, гласной молитве, как и всякой другой, должно непременно сопутствовать внимание. При внимании польза устной молитвы — неисчислима. С нее должен начинать подвижник. Ее во-первых преподает святая Церковь своим чадам. «Корень монашеского жительства — псалмопение»,— сказал святой Исаак Сирский[94]. «Церковь, — говорит святой Петр Дамаскин, — с благою и богоугодною целию приняла песни и различные тропари по причине немощи ума нашего, чтоб мы, неразумные, привлекаемые сладостию псалмопения, как бы и против воли воспевали Бога. Те, которые могут понимать и рассматривать произносимые ими слова, приходят в умиление, и таким образом, как по лестнице, мы восходим в мысли благие. По мере того, сколько преуспеваем в навыкновении божественных мыслей, является в нас божественное желание и влечет достигнуть того, чтоб уразуметь поклонение Отцу духом и истиною по заповеданию Господа»[95]. Уста и язык, часто упражняющиеся в молитве и чтении слова Божия, стяжают освящение, соделываются неспособными к празднословию, смеху, к произнесению слов шуточных, срамных и гнилых. Хочешь ли преуспеть в умной и сердечной молитве? Научись внимать в устной и гласной — внимательная устная молитва сама собою переходит в умную и сердечную. Хочешь ли научиться отгонять скоро и с силою помыслы, насеваемые общим врагом человечества? Отгоняй их, когда ты один в келии, гласною внимательною молитвою, произнося слова ее неспешно, с умилением. Оглашается воздух внимательною устною и гласною молитвою — и объемлет трепет князей воздушных, расслабляются мышцы их, истлевают и рушатся сети их! Оглашается воздух внимательною устною и гласною молитвою — и приближаются святые ангелы к молящимся и поющим, становятся в их лики, участвуют в их духовных песнопениях, как удостоились это зреть некоторые угодники Божии и между прочими наш современник, блаженный старец Серафим Саровский. Многие великие отцы во всю жизнь свою упражнялись устною и гласною молитвою и при том обиловали дарованиями Духа. Причиною такого преуспеяния их было то, что у них с гласом и устами были соединены ум, сердце, вся душа и все тело; они произносили молитву от всей души, от всей крепости своей, из всего существа своего, из всего человека. Так, преподобный Симеон Дивногорец прочитывал в продолжение ночи всю Псалтирь[96]. Святой Исаак Сирский упоминает о некотором блаженном старце, занимавшемся молитвенным чтением псалмов, которому попускалось ощущать чтение только в продолжение одной «славы», после чего Божественное утешение овладевало им с такою силою, что он пребывал по целым дням в священном исступлении, не ощущая ни времени, ниже себя[97]. Преподобный Сергий Радонежский во время чтения акафиста был посещен Божиею Материю в сопровождении апостолов Петра и Иоанна[98]. Повествуют о преподобном Иларионе Суздальском: когда он читал в церкви акафист, то слова вылетали из уст его как бы огненные, с необъяснимою силою и действием на предстоящих[99]. Устная молитва святых была одушевлена вниманием и Божественною благодатию, соединявшею разделенные грехом силы человека воедино,– от того она дышала такою сверхъестественною силою и производила такое чудное впечатление на слушателей. Святые воспевали Бога «во исповедании сердечнем»[100]; они пели и исповедовались Богу «непоколеблемо»[101], то есть без рассеянности; они пели Богу «разумно» (Пс.46:8).

Надо заметить, что преподобные иноки первых времен и все желавшие преуспеть в молитве отнюдь не занимались или весьма мало занимались собственно пением, а под именем псалмопения, о котором упоминается в житиях и писаниях их, должно разуметь крайне неспешное, протяжное чтение псалмов и других молитв. Протяжное чтение необходимо для сохранения строгого внимания и избежания рассеянности. По протяжности и сходству с пением такое чтение названо псалмопением. Оно совершалось наизусть; иноки тех времен имели правилом изучать Псалтирь наизусть: чтение псалмов наизусть особенно способствует вниманию. Такое чтение – уже не чтение, как совершающееся не по книге, а в полном смысле псалмопение – может быть отправляемо в темной келии, при закрытых глазах, что все охраняет от рассеянности; между тем как светлая келия, необходимая для чтения по книге, и самое взирание на книгу рассевает и отторгает ум от сердца к внешности. «Ови поют,– говорит святой Симеон Новый Богослов, – сиречь молятся усты»[102]. «Иже отнюдь не поющии, – говорит преподобный Григорий Синаит, – такожде добре творят, аще суть в преуспеянии: сии бо не требуют глаголати псалмы, но молчание и непрестанную молитву»[103]. Собственно чтением отцы называют чтение Священного Писания и писаний святых отцов, а молитвою они называют по преимуществу молитву Иисусову, также молитву мытаря и другие самые краткие молитвы, обильно заменяющие псалмопение, что для новоначальных непостижимо и не может быть им объяснено с удовлетворительностью, как превышее душевного разума и объясняемое единственно блаженным опытом.

Братия! Будем внимательны в устных и гласных молитвах наших, произносимых нами при церковных службах и в уединении келейном. Не сделаем наших трудов и жизни в монастыре бесплодными нашею невнимательностию и небрежением в деле Божием. Пагубно небрежение в молитве! «Проклят, – говорит Писание, – творяй дело Господне с небрежением» (Иер.48:10). Очевидно действие этой клятвы: совершенное бесплодие и безуспешность, несмотря на долголетнее пребывание в иночестве. Положим в основание молитвенного подвига, главного и существеннейшего между монашескими подвигами, для которого все прочие подвиги, внимательную устную и гласную молитву, за каковую милосердый Господь дарует в свое время постоянному, терпеливому, смиренному подвижнику молитву умную, сердечную, благодатную. Аминь.

О МОЛИТВЕ И ПОКАЯНИИ. ПОУЧЕНИЕ В НЕДЕЛЮ МЫТАРЯ И ФАРИСЕЯ

В ныне чтенном Евангелии изображена молитва мытаря, привлекшая к нему милость Божию. Молитва эта состояла из следующих немногих слов: «Боже, милостив буди мне, грешнику» (Лк. 18, 13). Достойно внимания и то, что такая краткая молитва услышана Богом, и то, что она произносилась в храме, во время общественного богослужения, во время чтения и пения псалмов и других молитвословий. Молитва эта одобряется Евангелием, выставляется в образец молитвы — благочестивое рассмотрение ее делается нашим священным долгом.

Почему мытарь не избрал для излияния сердца своего пред Богом какого-либо величественного и умилительного псалма, но обратился к столь краткой молитве и повторял ее одну во время всего богослужения? Отвечаем, заимствуя ответ у святых отцов[104]. Когда прозябнет в душе истинное покаяние, когда явится в ней смирение и сокрушение духа по причине открывшейся очам ее греховности — тогда многословие делается для нее несвойственным, невозможным. Сосредоточась в себя, устремив все внимание на бедственное положение свое, она начинает вопиять к Богу какою-либо кратчайшею молитвою.

Обширно зрелище греховности, когда оно подается человеку Богом; неизобразимо оно красноречием и многословием; точнее изображает его воздыхание и стенание души, облекаясь в кратчайшие и простейшие слова. Тот, кто желает раскрыть в себе глубокое чувство покаяния, употребляет в орудие к достижению такого состояния краткую молитву, произнося ее со всевозможным вниманием и благоговением. Оставление многих слов, хотя и святых, способствует уму вполне освободиться от развлечения и всею силою своею устремиться к самовоззрению. «В молитве твоей не позволяй себе многословить, – сказал святой Иоанн Лествичник, – чтоб ум твой не уклонился к рассматриванию слов. Одно слово мытаря умилостивило Бога, и одно верное изречение спасло разбойника. Многословие в молитве часто приводит ум в рассеянность и мечтательность, а малословию обычно собирать его»[105].

По величайшей пользе, доставляемой краткою, внимательною, сосредоточенною молитвою, святая Церковь завещевает чадам своим благовременно приобучиться к какой-либо краткой молитве. Приобучивший себя к такой молитве имеет готовое молитвословие на всяком месте и во всякое время. И путешествуя, и сидя за трапезою, и занимаясь рукоделием, и находясь в обществе человеческом, он может вопиять к Богу. При невозможности молиться устами возможно молиться умом. В этом отношении удобность краткой молитвы – очевидна: при занятиях очень легко потерять смысл и последовательность продолжительного молитвословия, но краткая молитва всегда сохраняется в целости своей. Оставив ее на некоторое время, опять можно без всякого затруднения возвратиться к ней. Даже при богослужении полезно повторять краткую молитву в душевной клети: она не только не препятствует вниманию читаемым и поемым в храме Божием молитвословиям, но и способствует особенно тщательному вниманию им, удерживая ум от рассеянности. Если ум не будет удерживаться в самовоззрении краткою молитвою, наполняющею душу чувством покаяния, то он легко вдастся в рассеянность; во время богослужения, оставя без внимания церковное чтение и пение, уклонится к пустым размышлениям и мечтаниям. Это случилось с упоминаемым ныне фарисеем: фарисей поверхностно внимал богослужению и увлечен был помышлениями греховными. Греховные помышления не только лишили всякого достоинства молитву его, и без того слабую, но и обратили ее в повод к осуждению молившегося. Молитва фарисея была отвергнута Богом – фарисей вышел из храма запечатленным печатию гнева Божия, не понимая и не ощущая своего душевного бедствия по той причине, что сердце его, будучи мертво для покаяния, было исполнено самодовольством и самообольщением. Когда моление краткою молитвою от частого и постоянного употребления обратится в навык, тогда оно делается как бы естественным человеку. Внимательно слушая что-либо особенно занимающее нас, мы делаем разные возгласы, которые не только не препятствуют вниманию, но и усугубляют его,– точно так, стяжав навык к краткой молитве, мы выражаем ею наше сочувствие и внимание к слышимому нами молитвословию и псалмопению.

В течение всей святой Четыредесятницы при всех богослужениях часто повторяется во всеуслышание присутствующих в храме молитва: «Боже! очисти мя, грешнаго». Для чего это столь частое повторение одной и той же молитвы? Для того, чтоб мы приучились часто повторять ее. С тою же целию повторяется часто и другая краткая молитва: «Господи, помилуй».

Спаситель мира, одобривший молитву мытаря, впоследствии дозволил и даровал нам молиться всесвятым именем Его. Молитва именем Господа Иисуса, и по имени Его, и как установленная Им, именуется молитвою Иисусовою. При господстве Ветхого Завета человек обращался к Богу, Которого он еще не знал определенно; при наступлении господства иного, в Новом Завете человеку в преизобильное дополнение к прежнему обращению предоставляется обращаться к Богочеловеку, как Ходатаю между Богом и человеками, как к такому Ходатаю, в Котором соединено Божество с человечеством, как к такому Ходатаю, Который Бога объяснил человекам с возможною для постижения человеческого подробностию и полнотою, Который «Бога... исповеда» (Ин. 1, 18). Ветхозаветной молитве «Боже, милостив буди мне, грешнику» равнозвучаща новозаветная молитва «Господи Иисусе Христе, Сыне Божий, помилуй мя, грешного». Ветхозаветные служители Бога употребляли первую молитву; новозаветные, употребляя и первую, наиболее употребляют вторую, потому что Богочеловеку благоугодно было сочетать с человеческим именем Своим особенную чудодейственную духовную силу. Для постоянного моления употребляется также молитва «Господи, помилуй». Она – сокращенная молитва Иисусова и заменяет ее в тех случаях, когда произнесение цельной молитвы Иисусовой делается затруднительным, как-то: во время испуга, во время неожиданной радости, во время тяжкой болезни, во время духовного видения. В последнем случае возглас «Господи, помилуй» служит для ума отголоском на те благодатные разумения, которые являются ему по очищении его, превышают его постижение и не могут быть выражены словом[106].

Какое имеет значение во всех этих молитвах глагол «помилуй» или «милостив буди»? Это – сознание человеком погибели его; это – ощущение той милости, того сожаления к себе, которые Господь заповедал нам ощущать к себе и которые ощущаются очень немногими; это – отвержение собственного достоинства; это – прошение милости Божией, без которой нет надежды спастись погибшему. «Милость Божия есть не что иное, как благодать Всесвятаго Духа; мы, грешные, должны непрестанно, неотступно просить ее у Бога. Умилосердись, Господь мой, над бедственным состоянием моим, в которое я ниспал, лишившись благодати Твоей, и снова водвори во мне благодать Твою. «Духом Владычним» (Пс. 50, 14), Духом силы Твоей укрепи меня, чтоб я мог противостать искушениям, наносимым от диавола, и искушениям, возникающим из падшего естества моего. Пошли мне дух целомудрия, чтоб я возник из состояния умоисступления, в котором нахожусь, и исправил нравственные стопы мои. Даруй мне дух страха Твоего, чтоб мне устрашиться Тебя, как подобает немощнейшей твари страшиться великого Бога, Творца своего, чтоб мне по причине благоговения моего к Тебе свято хранить заповеди Твои. Насади в сердце мое любовь к Тебе, чтоб мне более не отлучаться от Тебя, не увлекаться непреодолимым влечением к мерзостному греху. Даруй мне мир Твой, чтоб он хранил в нерушимом спокойствии душу мою, не попускал помышлениям моим скитаться по вселенной без нужды, во вред мне, для смущения моего, чтоб он сосредоточивал их в самовоззрение и из него возносил к престолу Твоему. Даруй мне дух кротости, чтоб мне воздерживаться от гнева и злобы, быть постоянно преисполненным благости к братии моей. Даруй мне дух смиренномудрия, чтоб я не высокоумствовал, не мечтал о себе, не искал похвалы и славы человеческой, но помнил, что я – земля и пепел, существо падшее, низвергнутое на землю по причине недостоинства моего, долженствующее быть изведенным из тела и мира сего смертию, долженствующее быть представленным на страшный и нелицеприятный суд Твой»[107]. «Боже, милостив буди мне, грешнику! Господи Иисусе Христе, Сыне Божий, помилуй мя! Господи, помилуй!».

Многие произносят эти краткие молитвы с величайшею поспешностью, заботясь только о исполнении положенного числа их. Таким образом моления они не допускают молитве проникнуть в сердце и произвести свойственное ей действие, заключающееся в умилении. Справедливо замечают святые отцы, что молящиеся так молятся на воздух, а не Богу[108]. Отчего мы скучаем в храме Божием? Оттого, что не ощутили действия молитвы. Отчего мы спешим к сытому столу? Оттого, что мы опытно знаем значение вещественной пищи. Отчего не спешим в храм Божий, но стараемся прийти в него попозже, когда значительная часть богослужения уже отправлена? Оттого, что не знаем опытно значения молитвы, которая служит пищею для души, которая сообщает душе духовную силу. Не знаем опытно значения молитвы оттого, что молимся поспешно, поверхностно, без внимания. Действие на душу продолжительной, но невнимательной молитвы подобно действию обильного дождя на железную крышу, с которого сбегает вся вода, в каком бы количестве она ни пролилась, не производя на крышу никакого действия. Напротив того, внимательную молитву можно уподобить благотворному дождю, орошающему засеянное поле, дающему питание произрастениям и приготовляющему богатую жатву. Исправляя важную погрешность, которая отнимает у подвижника молитвы весь плод подвига, воспитанники и наперсники святой молитвы, святые отцы повелевают произносить слова как кратких молитв, так и всех вообще молитвословий с особенною неспешностью, с соблюдением тщательнейшего внимания к словам молитвы[109]. При неспешном чтении молитв возможно такое внимание, при поспешном чтении вниманию нет места.

Молитва, лишенная внимания, лишена сущности своей, лишена жизни. Тогда бывает она подобна телу, оставленному душою: не благоухает она смирением, не восходит к Богу; пораженная и умерщвленная рассеянностию, она пресмыкается в земном тлении и смраде, сообщая их молящемуся небрежно и холодно. Внимание ума при молитве отражается в сердце блаженною печалию о грехах, которая и есть заповеданное Богом покаяние. Когда же сердце исполнится чувством покаяния, тогда оно в свою чреду привлекает ум к сугубому вниманию. Вслед за вниманием и умилением все дары Святаго Духа вступают в душу, соделывают ее храмом Божиим.

Доставим нашей молитве два свойства: внимание и покаяние. Ими, как двумя крылами, да возлетит она на Небо, да предстанет пред лицо Божие, да исходатайствует нам помилование. Эти два свойства имела молитва блаженного мытаря. Проникнутый сознанием своей греховности, он не находил в делах своих никакой надежды на получение спасения, видел эту надежду в едином милосердии Бога, призывающего всех грешников к покаянию и дарующего спасение за одно покаяние. Как грешник, не имеющий никакого собственного добра, мытарь занял в храме последнее место; как грешник, недостойный Неба, он не дерзал возводить очей к небу. Он устремил их к земле и, ударяя покаянием в сердце, из глубины сердца, от всей души произносил молитву, соединенную с исповеданием: «Боже, милостив буди мне, грешнику».

Молитва была так действительна и сильна, что грешник вышел из храма Божия оправданным. Засвидетельствовал это сердцеведец Господь, Спаситель человеков,— и сбылось над покаявшимся грешником пророчение пророка: «созиждет Господь Сиона», душу человеческую, разрушенную падением, «и явится во славе Своей.

Призре на молитву смиренных, и не уничижи моления их. Да напишется сие в род ин», да напишется это в уведание всего человечества, да напишется во уведание всего племени и потомства христианского! «И людие, зиждемии» покаянием и внимательною молитвою, ощутив свое обновление Божественною благодатию, «восхвалят Господа» (Пс. 101, 17–19), благоволившего восприять человечество и спасти человеков дивным смотрением Своим и дивным учением Своим. Аминь.

ОБЪЯСНЕНИЕ ТАИНСТВЕННОГО ЗНАЧЕНИЯ ЕВАНГЕЛЬСКОЙ ПОВЕСТИ. ПОУЧЕНИЕ В ТРИДЕСЯТЬ ПЕРВУЮ НЕДЕЛЮ

Событию, о котором ныне поведало Евангелие, святые отцы дают таинственное истолкование. Они видят в слепце, привлекшем к себе внимание и милость Богочеловека усиленными просьбою и воплем, образ молящегося грешника, молящегося неотступно и с плачем, получающего при посредстве такой молитвы прощение грехов и обновление души Божественною благодатию[110]. Все мы – грешники, все крайне нуждаемся в Божией милости. Грешники! Рассмотрим со вниманием, каким образом грешник получает при посредстве молитвы милость Божию.

Господь наш Иисус Христос, повествует Евангелие, выходил из города Иерихона. За ним следовали ученики Его и множество народа. На пути сидел слепец, просил у прохожих милостыню. Услышав шум многочисленной толпы, он полюбопытствовал о причине народного собрания. Ему отвечали, что шествует Иисус, что присутствием Его привлечено это многолюдство. Тогда слепец начал кричать громким голосом: «Иисусе Сыне Давидов, помилуй мя». Те, которые шли впереди Господа, останавливали слепца, приказывая ему молчать, но он еще сильнее кричал: «Сыне Давидов, помилуй мя». Господь остановился, велел привести его к Себе. Слепого позвали. Он сбросил с себя верхнюю одежду и предстал пред Господа. Господь спросил его: «Чего ты хочешь от Меня?» Слепец отвечал: «Господи! Хочу, чтобы Ты даровал мне зрение». Господь сказал: «прозри: вера твоя спасе тя». Слепец прозрел немедленно и пошел вслед Иисуса, славя Бога (Лк. 18, 35–43; Мк. 10, 46–52).

В духовном отношении все грешники должны быть признаны слепыми, они точно – слепы. Их называет слепыми Священное Писание (Мф. 15, 14); самое дело доказывает слепоту их. Зрение грешников столько извращено и повреждено грехом, что оно со всею справедливостью должно быть признано и названо слепотою. Слепота эта – слепота духа. Слепота эта тем опаснее, что она наиболее признает и проповедует себя удовлетворительнейшим, превосходнейшим зрением. Не видит слепотствующий грешник ни Бога, ни вечности, ни себя, ни назначения, для которого создан человек, ни смерти, ожидающей его и всех человеков, не минуемой ни для него, ни для кого из человеков. Несчастный! Он действует из слепоты своей, действует для погубления себя, действует для одного суетного и временного, гоняется за одними призраками. И приходит забытая им смерть, срывает его с поприща деятельности его, представляет на суд Божий, о котором он никогда не думал, к которому он вовсе не приготовился. Началом возвращения к зрению для слепотствующего грешника служат сознание и исповедание слепоты, оставление деятельности, совершаемой под водительством этой слепоты.

Иерихон расположен был в долине, прорезываемой рекою Иорданом. Местность, которую занимали прочие города израильские, – вообще гористая. Низменным положением Иерихона изображается наше состояние падения. Таинственный слепец вышел из Иерихона. Он престал участвовать в делах, которыми занимаются жители города, – он престал совершать явные грехи при посредстве тела; он сел при пути, по которому шествуют Спаситель и спасение, начал испрашивать милостыню у мимоходящих, кормиться скудно, подаянием. Мимоходящие суть живые сосуды Святаго Духа, которых Бог посылал в мир для руководства мира ко спасению в течение всей жизни мира[111]. Мимоходящие суть наставления пастырей Церкви и подвижников благочестия, временно странствующих на земле подобно всем человекам, – они руководствуют грешника в начале его обращения, они питают его гладную душу познаниями, доставляемыми верою от слуха (Рим. 10, 17). Слепец хотя и вышел из города, но не мог по причине слепоты своей далеко уйти от него. Он сидел близ городских ворот, молва городская достигала слуха его, тревожила сердце, ум приводила в смущение. Так и слепотствующий грешник, когда оставит грубые грехи, не может расторгнуть связи со грехом, как живущим внутри его, так и действующим на него извне. И по обращении своем он пребывает близ греха и во грехе: греховные помыслы, мечтания, ощущения не престают возмущать ум его и сердце. Сопутствующие и содействующие Христу – пророки, апостолы и святые отцы – возвещают слепому о близости к нему Спасителя, потому что слепой в омрачении своем никак не может представить себе, что Бог находится близ его. Ему представляется Бог удаленным, как бы вовсе не существующим. Слепец, наставленный словом Божиим, что вездесущий Бог ближе к нему, нежели все предметы видимого и невидимого мира, ободряется, вступает в молитвенный подвиг. Он вступил в подвиг, но ум его запечатлен плотским мудрованием и, будучи веществен по причине усвоения впечатлений вещественных, не может молиться духовно; сердце его, зараженное различными пристрастиями, непрестанно отвлекается этими пристрастиями от молитвы. Молитва слепца – дебела, вещественна, перемешана с помыслами и мечтаниями плотскими и греховными, осквернена ими, не может подняться от земли, пресмыкается по земле, низвергается на землю, лишь сделает усилие подняться от земли. Слепец не имеет удовлетворительного понятия о Боге: это понятие несвойственно плотскому состоянию; молитвенный подвиг слепца есть еще подвиг телесный. «Слеп, – сказал преподобный Марк Подвижник, – тот, кто вопиет и говорит: «Сыне Давидов, помилуй мя». Он молится еще телесно, еще не стяжал духовного разума». Он сидит, одинокий, у врат Иерихона.

На поприще молитвенного подвига встречают подвижника многие и различные препятствия. Действия и сила их основаны на слепоте подвижника. В то время как слепец занимался прошением милостыни у мимоходящих, положение его было положением сидящего. И при первоначальных воплях своих он оставался в положении сидящего. Нет еще истинного духовного преуспеяния, нет духовного движения в том, кто занимается изучением слова Божия по букве и телесною молитвою. Он продолжает оставаться под влиянием греховных помыслов и ощущений, под влиянием плотского мудрования; он продолжает оставаться на земле; шествие на Небо для него невозможно, неестественно. Он подвизается в молитвенном подвиге как в подвиге ему чуждом, принуждает себя к подвигу насильно, влечет себя к этому подвигу, как бы к злейшему врагу, к немилостивому убийце. Чувство это, этот залог плотского человека к молитве свойственны ему: она убивает, она закалает ветхого нашего человека; и страшится ветхий человек заколения, хочет избежать его, всеми силами противится ему. Кругом подвижника стоят падшие духи: они не удалились от него, потому что он не получил освобождения от них, подчинившись им прежнею греховною жизнию, предшествовавшею обращению к Богу. Они стараются удержать его в порабощении; они воспрещают ему молиться; они угрожают ему, смущают его, принимают все меры, чтоб принудить к молчанию. Они приносят ему неверие, внушая, что молитва его не будет услышана. Они приносят ему безнадежие, воспоминая множество содеянных им грехов, живо представляя их воображению и чувству, возбуждая услаждение ими в душе и теле. Они расхищают и уничтожают молитву его, приводя на мысль различные попечения, представляя необходимость немедленного занятия ими. Они производят в душе сухость, уныние, чтоб подвижник, увидев бесплодие подвига, покинул его. Они насмехаются над подвигом, издеваются над ним как над бесплодным и тщетным, потому что трепещут последствий его. Подвижник молитвы, предавшийся подвигу молитвы вдали от занятий человеческого общества, услышит адский говор демонов. Он увидит плен свой, свои цепи и темницу. «Положил еси нас, – говорит великий делатель молитвы, – поношение соседом нашим, подражнение и поругание сущим окрест нас... Весь день срам мой предо мною есть, и студ лица моего покры мя, от гласа поношающаго... от лица вражия и изгонящаго» (Пс. 43, 14, 16–17).

Здесь нужна вера. «Вера твоя спасе тя», сказал Господь слепцу по исцелении его. Нужна вера для постоянства в молитвенном подвиге, нужны постоянство, терпение и долготерпение, нужны отвержение ложного стыда и настойчивость, чтоб подвиг принес чудный плод свой. Первоначально нужен усиленный телесный подвиг: нужны коленопреклонения, утомляющие тело, смиряющие душу; нужны продолжительные стояния и всенощные бдения; нужна молитва устная и гласная, молитва, соединенная с плачем и воплем, когда мы находимся наедине, в келейном затворе, и можем плакать и стенать свободно; нужна негласная молитва с негласным плачем сердца, когда мы находимся в обществе человеков. Воспрещали слепцу вопиять — и вопиял он тем сильнее; повелевали слепцу молчать — и вопиял он тем громче. Так должны поступать и мы: мы должны преодолевать и попирать все препятствия к молитве; мы должны оставлять без внимания все препятствия и молиться тем ревностнее и усерднее. Если на утреннем правиле твоем молитва твоя была расхищена помыслами и мечтаниями и ты не принадлежал себе по насилию обуревавших тебя страстей, то не ослабей, не впади в уныние. С обновленною ревностию встань на вечернем правиле, усиливаясь внимать твоему молитвословию и собирая рассеянные мысли твои, подобно вождю израильскому, говорившему воинам своим: «Мужаимся и укрепимся о людех наших и о градех Бога нашего, и Господь сотворит благое пред очима Своима» (2Цар. 10, 12). Необходимо в молитвенном подвиге отречение от себя, предоставление преуспеяния нашего воле Бога нашего, Который дает в известное Ему время благодатную молитву тому, кто собственным подвигом деятельно докажет свое произволение иметь ее (1Цар. 2, 9). Не «имам душу мою честну себе» (Деян. 20, 24), говорит апостол; считают себя достойными благодати обольщенные гордостию и самомнением. Если в течение года преуспеяние наше в молитве, несмотря на постоянное упражнение в ней, оказалось скудным, ничтожным — на следующий год употребим зависящие от нас усилия, чтоб преуспеяние было плодоносным. Если протекло десять лет, если протекли десятки годов и мы не увидели еще вожделенного плода — постараемся пребыть верными подвигу в оставшиеся дни жизни нашей.

Сокровище, доставляемое подвигом, вечно; оно цены безмерной – нисколько не странно, что промысл Божий допускает нам труд, который бы хотя несколько соответствовал венчающему его приобретению.

Главное условие преуспеяния в молитве заключается в том, чтоб молитва всегда совершалась с величайшим благоговением и вниманием. Для этого нужно не только оставление греховной жизни, но и удаление за город, чем преимущественно изображается отвержение всех забот и попечений во время молитвы. Мы достигаем этого, когда все касающееся нас возлагаем на Господа. К такой преданности Богу приглашает нас святая Церковь; часто вспоминает она о этой преданности, говоря: «сами себе и друг друга, и весь живот наш Христу Богу предадим» (третье прошение на малой ектении). Вспомоществует внимательной молитве памятование вездесущия и всеведения Божиих. Если Бог присутствует на всяком месте, то Он присутствует и в месте моления нашего. Если Он видит все, то видит Он и расположение сердца нашего, настроение нашего ума. Стоя на молитве, мы стоим пред лицом Божиим, на суде Божием – имеем возможность умилостивить Бога нашим молитвенным воплем и стенанием. Памятование неизвестности смертного часа также возбуждает к усердным, теплейшим молитвам. Мы нисколько не погрешим, если каждый раз, когда молимся, будем молиться как бы в последний час жизни нашей, как бы в час наступившей кончины. При внимании ума молитве внимает ей и сердце, выражая и доказывая внимание свое чувством покаяния. Для удобнейшего достижения в состояние внимания святые отцы советуют молиться неспешно, как бы заключая ум в слова молитвы, чтоб ни одно слово не ускользнуло от внимания. Ускользнувшее слово – потерянное слово! Ускользнувшая молитва от внимания – потерянная молитва!

Ум, не стяжавший навыка ко вниманию, с трудом приучается к нему. Это не должно приводить в уныние и смущение подвижника молитвы. «Нестоятельность, – говорит святой Иоанн Лествичник, – свойственна уму»[112] падшего человека, уму, растленному грехом. «Когда ум твой, – продолжает великий Иоанн наставлять подвижника молитвы, – будет увлечен от внимания по причине младенчества своего, ты опять введи его в слова молитвы. Усвой себе этот невидимый подвиг и пребывай постоянно в нем. Если поступишь так, то придет к тебе Тот, Кто назначает пределы морю, и повелит уму твоему: «до сего дойдеши» в молитве твоей «и не прейдеши, но в тебе сокрушатся волны твоя» (Иов. 38, 11) – в тебе да сосредоточатся помышления твои. Постоянный труд в стяжании внимания есть деятельное свидетельство пред Богом искреннего желания нашего иметь внимание. Но духа своего связать человеку невозможно собственными усилиями: для этого нужно повеление Всевышнего Духа, Того Духа, Который Владыка и Создатель духа нашего[113].

И совершает это дело Дух Божий. Это – Тот Посланный, Который посылается Сыном Божиим к сидящему и вопиющему слепцу, Который призывает слепца к Иисусу. Дух Божий возвещает о Сыне Божием (Ин. 16, 7–14). Дух, осенив служителя Христова, наставляет его «на всяку истину» (Ин. 16, 13), наставляет и на внимательную молитву. Внимание ума при молитве есть всецелое устремление его к истине, есть правильное состояние и действие его; рассеянность, напротив того, есть состояние самообольщения, есть признак, что ум увлекается учением лжи – помыслами и мечтаниями, которые приносятся ему демонами и возникают из недугующего грехом естества. Состояние глубокого постоянного внимания при молитве происходит от прикосновения Божественной благодати к духу нашему. Дарование благодатного внимания молящемуся есть первоначальное духовное Божие дарование[114].

Слепец, услышав приглашение, оживленный, обрадованный этим приглашением, встает, свергает с себя верхнюю одежду, идет предстать пред Господа. «Когда ум посредством благодатного внимания,— говорят отцы,— соединится с душою, тогда он исполняется неизреченных сладости и веселия»[115]. Тогда начинается духовное преуспеяние подвижника молитвы; тогда силою и чистотою молитвы он устремляется всем существом своим к Богу; тогда отступают, исчезают все посторонние помышления и мечтания, как сказал святой Давид: «Отступите от мене, вси делающии беззаконие, яко услыша Господь глас плача моего, услыша Господь моление мое, Господь молитву мою прият. Да постыдятся и смятутся вси врази мои – духи отверженные, – да возвратятся и устыдятся» (Пс. 6, 9–11). Свержением верхней одежды означается оставление многих и различных наружных образов моления – они заменяются молитвою в душевной клети, объемлющею и совокупляющею в себе все частные делания. Будучи деланием обширным, она поглощает собою и совмещает в себе все жительство подвижника. «Много видов добродетели, – сказал преподобный Нил Сорский, – но они – частные; сердечная же молитва есть источник всех благ: напаявается ею душа, как обильными водами сад» (Слово 2). Чистая молитва есть предстояние лицу Божию. Представший пред Бога просит прозрения и получает благодатное просвещение ума и сердца. Он вступает в истинное богопознание и богослужение – уже не возвращается в прежнее положение неподвижности, к воротам города, но, присоединяясь к прочим ученикам Господа Иисуса Христа, последует Ему. Имеет он к такому последованию и всю возможность и нужную способность. «Кто молится устами, – говорит святой Симеон Новый Богослов, – но еще не стяжал разума духовного и не может молиться умом, тот подобен слепому, который вопиял: «Сыне Давидов! помилуй мя». Но тот, кто стяжал духовный разум и молится умом, которого душевные очи отверзлись,— подобен тому же слепому, когда Господь исцелил его, когда возвращено было ему зрение, и он, увидев Господа, уже не называл Его сыном Давидовым, но исповедал Сыном Божиим и воздал Ему поклонение, подобающее Богу»[116].

Вера – основание молитвы. Кто уверует в Бога, как должно веровать, тот непременно обратится к Богу молитвою и не отступит от молитвы, доколе не получит обетований Божиих, доколе не усвоится Богу, не соединится с Богом. «Вера,– сказал святой Иоанн Лествичник,– есть чуждое сомнения стояние души, не колеблемое никакими противностями. Верующим признается тот, кто не только исповедует Бога всемогущим, но и верует, что все получит от Него. Вера есть мать безмолвия»[117] и келейного, и сердечного. Уверовавший, что Бог неусыпно промышляет о нем, возлагает все упование на Него, успокаивает упованием сердце, при помощи упования устраняет от себя все попечения и предается от всея души изучению воли Божией, открытой человечеству в Священном Писании, открываемой еще обильнее молитвенным подвигом. Верою в Бога подвижник претерпевает и преодолевает все препятствия, возникающие из падшего естества и воздвигаемые духами злобы, препятствия, усиливающиеся смутить его молитву, отнять у него средство общения с Богом. «Множицею брашася со мною от юности моея... На хребте моем делаша грешницы, продолжиша беззаконие свое» (Пс. 128, 2–3). Но я, укрепляемый и руководимый верою, постоянно «к Тебе, Господь мой, возведох очи мои, мои ум и сердце. Се, яко очи раб в руку господий своих, яко очи рабыни в руку госпожи своея, тако очи наши ко Господу Богу нашему, дóндеже ущедрит ны» (Пс. 122, 1, 2). Аминь.

О МОЛИТВЕ. ПОУЧЕНИЕ В СУББОТУ ТРИДЕСЯТЬ ВТОРОЙ НЕДЕЛИ

Возлюбленные братия! Чтоб преуспеть в молитвенном подвиге, чтоб в свое время, по неизреченной милости Божией, вкусить сладчайший плод молитвы, состоящий в обновлении всего человека Святым Духом, надо молиться постоянно, надо мужественно переносить те трудности и скорби, с которыми сопряжен молитвенный подвиг. Это заповедал нам Господь, как мы слышали сегодня во Евангелии. «Подобает всегда молитися, и не стужати си» (Лк. 18, 1), то есть не унывать. Унывают обыкновенно при неудачах — следовательно, Господь повелевает нам не унывать, если мы, занимаясь продолжительное время молитвенным подвигом, не замечаем вожделенного успеха; если ум наш, вместо того чтоб молиться внимательно, расхищается различными суетными помыслами и мечтаниями; если сердце наше, вместо того чтоб ему быть преисполненным умиления, которое почти всегда сопровождается утешительными слезами, холодно и жестко; если во время молитвы внезапно воскипают в нас непристойные и буйные страсти, приносятся порочные воспоминания; если молитву нашу наветуют обстоятельства и человеки; если наветуют нашу молитву злейшие враги молитвы — демоны. Все препятствия, встречаемые на поприще молитвы, побеждаются постоянством в молитве.

Учение о пользе и плоде постоянной молитвы, как и многие другие учения Свои, Господь благоволил облечь притчею. Притча с особенною удобностию напечатлевается в памяти, а с нею напечатлевается в памяти и учение, облеченное притчею.

«Судия бе некий в некоем граде, – сказал Господь, объясняя необходимость постоянного и терпеливого пребывания в молитве, – Бога не бояся, и человек не срамляяся. Вдова же некая бе во граде том: и прихождаше к нему, глаголющи: отмсти мене, то есть защити меня, от соперника моего. И не хотяше на долзе времени. Последи же рече в себе: аще и Бога не боюся, и человек не срамляюся: но зане творит ми труды вдовица сия, отмщу ея: да не до конца, то есть беспрестанно и бесконечно, приходящи застоит мене» (Лк. 18, 2–5). По наружности здесь выставлен правитель, достигший крайней степени греховности. Многие люди, проводящие порочную жизнь, потеряли страх Божий; но они, согрешая безбоязненно пред всевидящим Богом, Который представляется им, по их слепоте и ожесточению, ничего не видящим и даже несуществующим, стыдятся грешить явно пред человеками, всячески стараются скрыть от них свои беззакония, стараются внушить им о себе самое доброе мнение. Правитель утратил и страх Божий, и стыд человеческий – ничто уже не связывало его в действиях, он мог руководиться одним произволом. Таким отчаянным грешником при первом поверхностном взгляде представляется судья, но при более глубоком исследовании оказывается, что в таинственном смысле многие черты, приписанные судье, относятся к Богу[118]. Бог не может страшиться Сам Себя, и лица человеческого Он не приемлет: все человеки пред Ним равны, все – творения, все – рабы Его, все одинаково нуждаются в Его милости, состоят в Его полной власти. Неправедным, то есть несправедливым, Он назван потому, что «не по беззаконием нашим сотворил есть нам, ниже по грехом нашим воздал есть нам. Яко Той позна создание наше, помяну, яко персть есмы» (Пс. 102, 10, 14). В духовном восторге от созерцания неизреченного человеколюбия Божия святой Исаак Сирский восклицает: «Не дерзни назвать Бога правосудным, потому что не видно правосудия Его над тобою. Хотя пророк называет Его праведным и правым, но Сын Его объявил, что Он более благ и милостив: Он благ к неблагодарным и злым (Лк. 6, 35). Как назвать Его правосудным, если прочесть притчу о плате работникам? «Друг мой! Я не обижаю тебя, но хочу и этому последнему (едва прикоснувшемуся к работе) дать ту же цену, в которой Я условился с тобою (понесшим тяготу целого знойного дня). Разве Я не властен в Своем? Потому ли твое око завистливо, что Я благ?» (Мф. 20, 1–15). Опять как назвать Бога правосудным, если прочитать повесть о блудном сыне, который расточил все богатство свое в распутстве? По причине одного умиления, выраженного сыном, отец выбежал к нему навстречу, заключил его в объятия и предоставил ему прежнее достоинство. Сам Сын Божий – не кто иной – засвидетельствовал это о Боге; сомнению об этом нет места. Где правосудие Божие, когда Христос умер за нас в то время, как мы были врагами Его?» (Слово 90).

Вдовицею названа в притче душа человеческая, разлученная грехом от Бога, сознающая и ощущающая это разлучение. Градом назван мир, как создание Божие. Очень немногие в этом городе исповедуют духовное вдовство свое; большинство пребывает вне воспоминания о смерти и о суде Божием, пребывает погруженным всецело во временных попечениях и наслаждениях. Так мало помышляющих о вечности и приготовляющихся к ней, что помянуто во всем городе одно такое лицо.

Состояние вдовства есть состояние одиночества, беспомощности, состояние, не разлучающееся с печалию, состояние непрестанного сетования. В такое состояние приходят, приводят себя, приводятся Богом ощутившие духовное вдовство свое, лишившиеся общения с Святым Духом посредством греха, жаждущие и усиливающиеся возобновить это общение посредством покаяния, мертвые для Бога по причине расторгнутого общения с Ним, мертвые для мира по причине несочувствия миру. Это состояние души необходимо для успеха в молитвенном подвиге: Бог внемлет молитвам одних вдовиц, то есть одних нищих духом, преисполненных сознания своей греховности, своей немощи, своего падения, чуждых самомнения, которое состоит в признании за собою достоинств, добродетелей, праведности. Самомнение есть самообольщение. Признающие за собою достоинства, добродетели, праведность названы в Священном Писании «богатящимися». Богатящиеся суть те, которые на самом деле не имеют никакого богатства, но, обманывая себя, думают иметь его и стараются представиться богатыми пред человеками. Тщеславные, гордые понятия, из которых составляется самомнение, разрушают в человеке тот духовный престол, на который обыкновенно восседает Святый Дух, разрушают то единственное условие, которое привлекает к человеку милость Божию. Напротив того, из понятий смиренных престол для Святаго Духа в человеке зиждется, условие, залог к получению милости Божией составляются. Самомнение само собою уничтожает возможность преуспеяния в молитве, почему Писание и говорит: «расточи гордыя мыслию сердца их. Низложи сильных со престол, и вознесе смиренныя. Алчущия исполни благ, и богатящияся отпусти тщи» (Лк. 1, 51–53). Молитва гордых уничтожается рассеянностию. Они лишены власти над собою: не повинуются им ни мысли их, ни чувствования. Их ум не может сосредоточиваться в самовоззрение, от которого рождается в душе чувство покаяния и умиления. Сеющий на камне семена свои не пожинает никакого плода – так и молящийся без умиления, молящийся холодно и поверхностно отходит по совершении молитвы своей чуждым плода духовного, не допущенным к общению с Богом. Бог приемлет в общение с Собою одних смиренных.

Совсем иным представляется подвиг молитвы для тех, которые только мечтают о нем, довольствуясь самым скудным упражнением в нем, нежели для тех, которые тщательно занялись молитвенным подвигом, изведали его опытом. Первые признают этот подвиг самым легким, совершенно зависящим от воли человека, соделывающимся собственностью его во всякое время, когда бы он ни вздумал вступить в обладание этою собственностью. Они полагают, что едва оставят попечения и вступят в безмолвие, как уже встретит их там обильнейшее духовное наслаждение. «Мы будем постоянно беседовать с Богом», – думают и говорят они! И сочиняют уже для себя разные высокие духовные состояния, как-то: состояние прозорливства, пророчества, чудотворения и врачевания недугов. Так мечтает и блуждает неведение, руководимое непонимаемою страстью тщеславия. Опыт показывает и доказывает совсем другое.

Вступившего в истинный молитвенный подвиг руководствует в нем Сам Бог, с премудростию, непостижимою для тех, которые не посвящены в ее таинства. «Молитва, – сказал святой Иоанн Лествичник, – сама в себе содержит учителя себе, Бога, Который научает человека уразумевать (молитву), «Который дает молитву молящемуся и благословляет лета праведного»[119] (1Цар. 2, 9). По распределению Божественной премудрости, вступившему в молитвенный подвиг первоначально предоставляется вкусить утешение от молитвы[120]. Так удачно избранное лекарство от какой-либо застарелой болезни, прикоснувшись к поверхности ее, немедленно при первых приемах доставляет облегчение. Это же лекарство при дальнейшем употреблении его, начиная проникать в телосложение, растревоживает болезнь и, постепенно исторгая ее, усиливает боли, приводит иногда больного в мучительное состояние. При таких явлениях неопытный больной легко может усомниться в благотворности лекарства, но искусные врачи в этих-то именно явлениях и видят его благотворность. Точно то же случается и при молитве. Когда христианин постоянно и тщательно займется ею, тогда она мало-помалу начнет открывать в нем страсти его, о существовании которых в себе он доселе не ведал. Она обнажит пред ним в поразительной картине падение естества человеческого и плен его. Когда же христианин вознамерится возникнуть из падения и освободиться из плена, тогда придут те духи, которые поработили нас себе, и с упорством восстанут против молитвы, усиливающейся доставить христианину духовную свободу. Это служит доказательством действительности молитвы, как сказал тот же великий наставник иноков: «О пользе молитвы мы заключаем по тому противодействию от бесов, которое встречаем при совершении ее, а о плоде ее заключаем по побеждению нами врага»[121]. В невольном созерцании нашего падения и в борьбе с страстями нашими и духами злобы очень часто наиболее весьма долгое время держит Божественный промысл подвижников для их существенной пользы. Видя постоянно возникающие в себе страсти, видя постоянное преобладание над собою греховных помыслов и мечтаний, приносимых духами, подвижник стяжевает нищету духа, заповеданную Евангелием, умерщвляется для мира, соделывается истинною вдовицею в духовном отношении и от сильнейшего ощущения вдовства, сиротства, одиночества, бесприютности своей начинает с особенным бесстудием, с особенною неотвязчивостию стужать молитвою, соединенною с плачем, Судии, не боящемуся Бога и человек не срамляющемуся, – утомлять Неутомимого. «Хотя этот Судия, будучи Бог, и не боится Бога, но «зане творит Ему труды» душа, соделавшаяся, по причине греха и падения, вдовою по отношении к Нему, – Он «сотворит отмщение ее от соперника» ее – тела и от ее супостатов – духов»[122]. Каким образом совершается это отмщение, эта защита? Дарованием Святаго Духа подвижнику, истомленному молитвенным подвигом: «просите, и дастся вам: ищите, и обрящете: толцыте, и отверзется вам. Всяк бо просяй приемлет: и ищай обретает: и толкущему отверзется... Отец, Иже с Небесе, даст Духа Святаго просящим у Него» (Лк. 11, 9–10, 13) – так удостоверяет нас Господь. Но чтоб получить дар, повелено просить, искать, стучаться неотступно в духовные двери милосердия Божия.

Неполезно нам, даже вредно скорое и беструдное приобретение духовного богатства[123]: легко получив его, мы не сумеем сохранить его; оно может послужить нам поводом к тщеславию, к презрению и осуждению ближних, что ведет подвижника к тяжким падениям, которые обыкновенно последуют за гордостию и служат наказанием и вразумлением для увлеченных пагубнейшею страстию, низвергшею с Неба падших ангелов. По этой причине Бог оставляет подвижников молитвы долгое время томиться в нерешенной борьбе со страстями и духами, посреди надежды и безнадежия, посреди частых побед и побеждений. «Во обличениих о беззаконии наказал еси человека, – говорит великий делатель молитвы, – и истаял еси яко паучину душу его» (Пс. 38, 12). В это трудное время подвижники основательно изучаются опытному знанию разнообразных страстей и демонских козней, основательно изучаются евангельским заповедям, которые соделываются достоянием их от продолжительного и тщательного изучения. В это трудное время подвижники основательно приготовляются к принятию и хранению Божественной благодати. «Бог... не имать ли, – заключается этими словами евангельская притча, – сотворити отмщение избранных Своих, вопиющих к Нему день и нощь, и долготерпя о них; глаголю вам, яко сотворит отмщение их вскоре» (Лк. 18, 7–8). Долготерпением Божиим названа здесь продолжительность борьбы с грехом, попускаемая избранным Божиим не кем иным – Самим Богом. Отмщение, или защита, названы подаваемыми скоро, потому что и во время борьбы Бог постоянно поддерживает избранных Своих; по прошествии же борьбы и по обновлении Святым Духом человека в него изливается такое блаженство, что он немедленно забывает все томление борьбы, она представляется ему как бы действовавшею в течение кратчайшего времени. «Исполнихомся заутра милости Твоея, Господи, и возрадовахомся и возвеселихомся» – так исповедуются Господу те, которые удостоверились, что молитва их услышана, которые узрели в душах своих явление духовного утра после мрака ночи, – «во вся дни наша возвеселихомся, за дни, в няже смирил ны еси, лета, в няже видехом злая» (Пс. 89, 14–15). Но борьба столько бывает тяжка, что молитвенный вопль избранных по причине ее постоянно усиливается, по причине ее он не прекращается ни днем, ни ночью, расстояние между молитвословиями уничтожается, и рабы Божии начинают стужать Богу непрерывающимися молитвою и плачем, производимыми тем смиренным понятием о себе, которое является от зрения своей греховности. «Весь день сетуя хождах, – говорит святой пророк Давид, – яко лядвия моя наполнишася поруганий, и несть исцеления в плоти моей. Озлоблен бых страстями моими и духами злобы и смирихся до зела» (Пс. 37, 7–9). «Доколе, Господи, забудеши мя до конца? Доколе отвращаеши лице Твое от мене?» Доколе Ты долготерпишь? Доколе не совершаешь отмщения Твоего над супостатами моими? «Доколе положу, по причине недоумения моего, многие и бесплодные советы в души моей, болезни в сердце моем день и нощь? Доколе вознесется враг мой на мя» (Пс. 12, 2–3). «Врази мои душу мою одержаша! Объяша мя яко лев готов на лов, и яко скимен обитаяй в тайных. Воскресни, Господи, предвари я, и запни им, избави душу мою от нечестиваго» (Пс. 16, 9, 12–13). «Боже мой, на Тя уповах, да не постыжуся во век, ниже да посмеютмися врази мои, ибо вси терпящии Тя не постыдятся» (Пс. 24, 1–2).

Когда Господь окончил притчу обетованием: «сотворити отмщение... вскоре тому, кто молитвенно будет вопиять к Нему день и нощь», – тогда Он сказал: «обаче Сын Человеческий пришед убо обрящет ли веру на земли?» (Лк. 18:8). К чему сказаны эти слова? Они сказаны, по истолкованию отцов[124], по следующей причине. Господь, исчислив признаки, которые будут предшествовать Его второму пришествию, произнес учение о молитве, особенно необходимой в эти тяжкие и бедственные времена, как и в другой раз по тому же поводу Он сказал: «Бдите убо на всяко время молящеся, да сподобитеся убежати всех сих хотящих быти, и стати пред Сыном Человеческим» (Лк. 21, 36). «Обаче Сын Человеческий, егда приидет, обрящет ли веру на земли?» Это значит: обрящет ли Он истинно верующих, доказывающих веру делами, особливо же истинною и действительною молитвою, которой подвиг и основывается на вере, и совершается, постоянно опираясь на вере? Такой оборот, по употреблению его Писанием, равносилен следующему[125]: Сын Божий, пришедши на землю, почти не найдет никого или найдет весьма-весьма мало таких, которые имели бы истинную веру и зависящее от нее, являющее ее молитвенное преуспеяние. А тогда-то это преуспеяние и нужно в особенности! «Кончина приближися, – говорит святой апостол Петр, – уцеломудритеся убо и трезвитеся в молитвах» (1Пет. 4, 7). Ни преуспеяния в молитве, ни истинного делания молитвы не будет: все человеки займутся вещественным развитием, займутся тем, чтоб обратить обреченную на сожжение землю в свой рай, сочтут в самообольщении временную жизнь вечною, заботы о приготовлении себя к вечности отвергнут и осмеют. Для тех, которых мысли всецело устремлены к земле и заняты землею, нет Бога. Возносящийся к Богу чистою и частою молитвою стяжевает живую веру в Бога, ею видит Его и прелетит, как крылатый, чрез все превратности и бедствия земной жизни. Он узрит «отмщение свое от соперника» своего и возрадуется не только о прощении грехов своих, но и об очищении своем от греховных страстей. Это состояние святые отцы называют святостию, блаженным бесстрастием, христианским совершенством. В этом состоянии он сподобится «убежати всех бедствий, хотящих быти, и стати пред Сыном Человеческим», когда будет востребован пред Него и смертию, и тою трубою, которая соберет живых и мертвых на суд пред Сына Божия. Аминь.

ПРИНОШЕНИЕ СОВРЕМЕННОМУ МОНАШЕСТВУ[126] О ПРИГОТОВЛЕНИИ К МОЛИТВЕ

По важному значению молитвы пред упражнением ею нужно приготовление себя к ней. «Прежде даже не помолишися, уготови себе, и не буди яко человек искушая Господа» (Сир. 18, 23). «Идя предстать пред Царем и Богом и возглаголать с Ним,— говорит святой Иоанн Лествичник,— не без приготовления совершим это, чтоб Он издалека не увидел, что мы не имеем оружия и одежд, потребных для предстояния пред Царем, и не повелел рабам и служителям Своим связать нас и отгнать куда-либо далеко от лица Его, а прошения наши раздрать и бросить нам в лицо»[127]. Первое приготовление состоит в отвержении памятозлобия и осуждения ближних. Это приготовление заповедано Самим Господом: «Егда стоите молящеся, — повелевает Он, — отпущайте, аще что имате на кого, да и Отец ваш, Иже есть на Небесех, отпустит вам согрешения ваша: аще ли же вы не отпущаете, ни Отец ваш, Иже есть на Небесех, отпустит вам согрешений ваших» (Мк. 11, 25–26). Дальнейшим приготовлением служат отвержение попечений силою веры в Бога, силою покорности и преданности воле Божией, сознание своей греховности и истекающее из этого сознания сокрушение и смирение духа. Одна жертва, принимаемая Богом от падшего человеческого естества, есть сокрушение духа. «Аще бы восхотел еси жертвы, дал бых убо», – говорит Богу пророк Его от лица каждого падшего и пребывающего в своем падении человека; но Ты не только какой-либо частной жертвы, телесной или душевной, но и полного «всесожжения не благоволиши. Жертва Богу дух сокрушен: сердце сокрушенно и смиренно Бог не уничижит» (Пс. 50, 18–19). Святой Исаак Сирский повторяет следующее изречение другого святого отца: «Если кто не признает себя грешником, того молитва неблагоприятна Господу» (Слово 55). Стой на молитве твоей пред невидимым Богом как бы ты видел Его и с уверенностию, что Он видит тебя, внимательно смотрит на тебя; стой пред невидимым Богом, как стоит уголовный преступник, уличенный в бесчисленных злодеяниях, приговоренный к казни, пред грозным, нелицеприятным судиею. Точно, ты стоишь пред полновластным Владыкою и Судиею твоим; ты стоишь пред таким Судиею, пред Которым «не оправдится... всяк живый» (Пс. 142, 2), Который всегда побеждает, «внегда судити» Ему (Пс. 50, 6), Который тогда только не осуждает, когда, по неизреченному человеколюбию Своему простив человеку согрешения его, не внидет «в суд с рабом Своим» (Пс. 142, 2). Ощутив страх Божий, ощутив от действия страха Божия при молитве твоей присутствие Бога, увидишь безвидно, духовно Невидимого, познаешь, что молитва есть предстояние на Страшном суде Божием[128]. Стой на молитве с поникшею главою, с устремленными к земле глазами, на обеих ногах равно и неподвижно; споспешествуй молитве плачем сердца, воздыханиями из глубины души, обильными слезами. Наружное благоговейное предстояние на молитве весьма нужно и весьма полезно для всякого подвизающегося подвигом молитвы, особливо для новоначального, в котором расположение души наиболее сообразуется с положением тела. Апостол заповедует при молитве благодарение; «в молитве терпите, – говорит он, – бодрствующе в ней с благодарением» (Кол. 4, 2; ср. Флп. 4, 6). Апостол свидетельствует, что благодарение заповедано Самим Богом: «непрестанно молитеся; о всем благодарите: сия бо есть воля Божия о Христе Иисусе в вас» (1Сол. 5, 17–18). Что значит благодарение? Это – славословие Бога за бесчисленные Его благодеяния, излитые на все человечество и на каждого человека. Таким благодарением вводится в душу чудное спокойствие; вводится радость, несмотря на то что отвсюду окружают скорби; вводится живая вера, по причине которой человек отвергает все заботы о себе, попирает страх человеческий и бесовский, повергает себя всецело на волю Божию. Такое расположение души есть превосходное приуготовительное расположение для молитвы. «Якоже убо приясте Христа Иисуса, Господа, – говорит апостол, – такожде в Нем ходите (жительствуйте), укоренени и наздани в Нем и известовани верою, якоже научистеся, избыточествующе в ней благодарением», то есть при посредстве благодарения приобретая обилие веры. «Радуйтеся всегда о Господе: и паки реку: радуйтеся... Господь близ. Ни о чем же пецытеся, но во всем молитвою и молением со благодарением прошения ваши да сказуются Богу» (Кол. 2, 6–7; Флп. 4, 4–6). Важность умственного подвига – благодарения с особенною подробностию изложена в «Руководстве к духовной жизни...» преподобных отцов Варсонофия Великого и Иоанна Пророка.

О ПОКЛОНАХ

Поклоны разделяются на земные и поясные; полагаются обыкновенно на вечернем правиле, пред упокоением сном. Лучше всего положить поклоны прежде чтения вечерних молитв, то есть поклонами начинать правило. От поклонов тело несколько утомится и согреется, а сердце придет в состояние сокрушения – из такого состояния подвижник усерднее, теплее, внимательнее помолится. Ощутится совсем другой вкус в молитвах, когда они будут читаться после поклонов. Поклоны надо полагать весьма неспешно, одушевив этот телесный подвиг плачем сердца и молитвенным воплем ума. Желая начать коленопреклонения, дай телу твоему самое благоговейное положение, какое должно иметь рабу и созданию Божию в присутствии Господа Бога его. Потом собери мысли от скитания повсюду и с крайнею неспешностью, вслух лишь самому себе, заключая ум в слова, произнеси от сердца сокрушенного и смиренного молитву: «Господи Иисусе Христе, Сыне Божий, помилуй меня, грешного». Произнесши молитву, сотвори неспешно земной поклон, с благоговением и страхом Божиим, без разгорячения, с чувством кающегося и умоляющего о прощении грешника, как бы к ногам Самого Господа Иисуса Христа. Не представь себе в воображении образа или изображения Господня, но имей убеждение в Его присутствии; имей убеждение в том, что Он смотрит на тебя, на твой ум и сердце и что воздаяние Его в руке Его; первое – непозволительная мечта, ведущая к гибельному самообольщению, а убеждение в присутствии вездесущего Бога есть убеждение во всесвятой истине. Положив земной поклон, опять приведи тело в благоговение и спокойствие и опять произнеси неспешно вышеуказанную молитву; произнесши ее, опять положи поклон вышесказанным образом. Не заботься о количестве поклонов, все внимание обрати на качество молитвы, совершаемой с коленопреклонениями. Не говоря о действии на дух, на самое тело гораздо сильнее подействует небольшое число поклонов, исполненных вышесказанным образом, нежели большое, исполненное наскоро, без внимания, для счета. Опыт не замедлит доказать это. Утрудившись от коленопреклонений, перейди к поясным поклонам. Мера поясного поклона определяется тем, когда при исполнении его опущенная рука прикоснется земле или полу. Вменив себе в непременную обязанность при совершении поклонов обильное душевное делание, состоящее из внимательности, неспешности, благоговения, намерения принести Богу покаяние, подвижник усмотрит в течение непродолжительного времени, какое количество поклонов выносит его телосложение. Исключив из этого числа несколько поклонов в видах немощи своей и снисхождения себе, из остального числа поклонов он может установить для себя ежедневное правило и, испросив на него благословение духовника или настоятеля или кого из иноков, к которому имеет доверенность и с которым советуется, может отправлять такое правило ежедневно. Для душеназидания возлюбленных братий наших не умолчим о нижеследующем: поклоны, совершаемые для числа, не одушевленные правильным умным и сердечным деланием, более вредны, нежели полезны. Подвижник, исполнив их, начинает радоваться. Вот, говорит он сам себе, подобно упоминаемому в Евангелии фарисею, и сегодня Бог сподобил положить (примерно) триста поклонов! Слава Богу! Легкое ли дело? В нынешние времена триста поклонов! Кто ныне несет такое правило? И так далее. Надо припомнить, что поклоны согревают кровь, а согретая кровь чрезвычайно способствует к возбуждению умственной деятельности; пришедши в такое расположение, бедный подвижник, единственно по той причине, что не имеет понятия о истинном душевном делании, предается душевредной умственной деятельности, предается тщеславным помыслам и мечтаниям, опирающимся на его подвиге, при посредстве которого он думает преуспеть. Подвижник услаждается этими помыслами и мечтаниями, не может довольно насытиться ими, усвояет их себе, насаждает в себя гибельную страсть самомнения. Самомнение вскоре начинает проявляться в тайном осуждении ближних и в явном расположении поучать их. Очевидно, что такое расположение есть признак гордости и самообольщения: если б инок не счел себя выше ближнего, он никак не дерзнул бы учить его. Таков плод всякого телесного подвига, если он не одушевлен намерением покаяния и не имеет целию одно покаяние, если подвигу самому по себе дается цена. Истинное иноческое преуспеяние заключается в том, когда инок увидит себя грешнейшим из всех человеков. «Брат сказал преподобному Сисою Великому: «Я вижу, что мысль моя находится постоянно при Боге». Преподобный отвечал: «Это не велико, что мысль твоя находится непрестанно при Боге; велико то, когда инок увидит себя под всякою тварию»[129]. Таков был образ мыслей истинных служителей Бога, истинных иноков; он образовался в них от правильного душевного делания. При правильном душевном делании и телесный подвиг имеет огромное значение, будучи выражением покаяния и смирения действиями тела. «Виждь смирение мое и труд мой, и остави вся грехи моя» (Пс. 24, 18), молитвенно вопиет к Богу святой Давид, соединявший в благочестивом подвиге своем телесный труд с глубоким покаянием и с глубоким смиренномудрием. Святые отцы говорят: «Никогда не прими, если б ты увидел что-либо чувственное или мысленное вне или внутри тебя: будет ли это вид Христа, или ангела, или какого святого, или мечтательное изображение света в уме. Пребывай не веруя этому и не благоволя о этом. Непрестанно блюди ум твой необразным, незапечатленным чем-либо при посредстве воображения, безвидным, внимая единственно словам молитвы». – Добротолюбие, ч. 2, Каллиста и Игнатия Ксанфопулов о безмолвии и молитве, гл. 75.

О ОСОБЕННОМ ПРОТИВОДЕЙСТВИИ ПАДШИХ ДУХОВ МОЛИТВЕ

Падшие духи с ожесточением противодействуют всем евангельским заповедям, в особенности же молитве, как матери добродетелей. Святой пророк Захария видел в видении своем «Иисуса, иереа великаго, стояща пред лицем Ангела Господня, и диавол стояше одесную Его, еже противитися Ему» (Зах. 3, 1) – так и ныне предстоит диавол неотступно каждому служителю Божию с намерением похищать, осквернять его духовные жертвы, не допускать до жертвоприношения, прекратить и уничтожить его. Падшие духи терзаются завистию к нам, говорил преподобный Антоний Великий, и не престают приводить в движение все злое, чтоб мы не наследовали прежних престолов их на Небе[130]. В особенности «очень завидует бес, – сказал преподобный Нил Синайский, – человеку молящемуся и употребляет всевозможные козни, чтоб расстроить его делание»[131]. Демон употребляет все усилия, чтоб воспрепятствовать молитве или чтоб сделать ее бессильною и недействительною. Этому духу, низверженному с Неба за гордость и возмущение против Бога, заразившемуся неисцельной завистию и ненавистию к роду человеческому, заразившемуся жаждою погибели человеков, неусыпно, день и ночь заботящемуся о погублении человеков, невыносимо видеть, что немощный и грешный человек молитвою отделяется от всего земного, вступает в беседу с Самим Богом и исходит из этой беседы запечатленным милостию Божиею, с надеждою наследовать Небо, с надеждою увидеть даже свое бренное тело претворенным в духовное. Невыносимо это зрелище для духа, который навсегда осужден пресмыкаться, как бы в тине и смраде, в помышлениях и ощущениях исключительно плотских, вещественных, греховных, который, наконец, навечно должен быть низвергнут и заключен в адские темницы. Он ярится, приходит в исступление, коварствует, лицемерствует, злодействует.

Надо быть внимательным и осторожным: только по крайней нужде, особенно по требованию возложенного послушания, можно отдать время, определенное для молитвы, другому занятию. Без важнейшей причины не оставляй, возлюбленный брат, молитвы! Оставляющий молитву оставляет свое спасение, нерадящий о молитве нерадит о спасении, покинувший молитву отвергся от своего спасения. Инок должен вести себя очень осмотрительно, потому что враг старается окружить его со всех сторон своими кознями, обмануть, обольстить, возмутить, совратить с пути, предписываемого евангельскими заповедями, погубить во времени и в вечности. Такое ожесточенное, злонамеренное и злохитрое преследование врага скоро усматривается при внимательной жизни; скоро мы заметим, что к тому самому времени, как надо заняться молитвою, он приготовляет другие занятия, представляет их и преважными, и не терпящими отлагательства, лишь бы отъять у инока молитву. Козни врага обращаются в пользу тщаливому подвижнику: видя непрестанно близ себя убийцу с обнаженным и занесенным для удара кинжалом, беспомощный, бессильный, нищий духом инок непрестанно вопиет с плачем к всесильному Богу о помощи и получает ее.

Дух отверженный, когда не возможет отнять у молитвы времени, определенного для молитвы, тогда старается окрасть, осквернить молитву во время совершения ее. Для сего он действует помыслами и мечтаниями. Помыслы он наиболее облекает в личину правды, чтоб придать им более силы и убеждения, а мечтания представляет в обольстительнейшей живописи. Окрадывается и уничтожается молитва, когда во время совершения ее ум не внимает словам молитвы, но занят пустыми помыслами и мечтаниями. Оскверняется молитва, когда во время ее ум, отвлекшись от молитвы, обратит внимание к греховным помыслам и мечтаниям, представленным врагом. Когда явятся тебе помысл и мечтание греховные, нисколько не обращай внимания на них. Лишь увидишь их умом твоим, тем усиленнее затвори ум в слова молитвы и умоляй Бога теплейшею и внимательнейшею молитвою о прогнании от тебя убийц твоих. Дух лукавый устраивает с особенным искусством полки свои. Впереди у него стоят помыслы, облеченные во все виды правды, и мечтания, которые неопытный подвижник может принять не только за явления невинные, но и за вдохновения, за видения святые и небесные. Когда ум примет их и, подчинившись влиянию их, утратит свою свободу, тогда предводитель иноплеменнического войска выставляет для борьбы помыслы и мечтания явно греховные. «За бесстрастными помыслами, – сказал преподобный Нил Сорский, ссылаясь на прежде бывших великих отцов, – последуют страстные: допущенный вход первым бывает причиною насильственного входа вторых» (Слово 2). Ум, как произвольно утративший свою свободу при столкновении с передовыми силами, обезоруженный, ослабленный, плененный, нисколько не может противостоять главным силам: немедленно побеждается ими, подчиняется, порабощается им. Необходимо во время молитвы заключать ум в слова молитвы, отвергая без разбору всякий помысл: и явно греховный, и праведный по наружности. Всякий помысл, каково бы ни было его одеяние и всеоружие, но если отвлекает от молитвы, этим самым доказывает, что он принадлежит к полку иноплеменническому и пришел, необрезанный, «поносити Израиля» (1Цар. 17, 25).

Невидимую брань (борьбу) свою с человеком собственно греховными помыслами и мечтаниями падший ангел основывает на взаимном сродстве грехов между собою. Брань эта не умолкает ни днем, ни ночью, но действует с особенным напряжением и неистовством, когда мы встанем на молитву. Тогда, по выражению святых отцов, диавол собирает отовсюду самые нелепые помышления и изливает их на нашу душу[132]. Во-первых, он воспоминает нам о всех оскорбивших нас; оскорбления и обиды, нанесенные нам, старается представить в яркой живописи; возмездие за них и сопротивление им выставляет требованием правосудия, здравого смысла, общественной пользы, самосохранения, необходимости. Очевидно, что враг старается поколебать самое основание молитвенного подвига – незлобие и кротость, – чтоб здание, воздвигаемое на этом основании, разрушалось само собою. Это так и бывает, потому что памятозлобный и не отпустивший ближнему согрешений его никак не может сосредоточиться при молитве своей и прийти в умиление. Помыслы гневные рассевают молитву, они разносят ее в стороны, как порывистый ветер разносит семена, бросаемые сеятелем на его ниву, – и нива сердечная остается незасеянною, а усиленный труд подвижника тщетным. Известно, что прощение обид и оскорблений, заменение осуждения ближних милостивым извинением их, обвинение себя служат основанием успешной молитве. Весьма часто приносит враг, при самом начале молитвы, помышления и мечтания о земном преуспеянии: то в обольстительной картине представляет славу человеческую как справедливую или счастливую дань добродетели, как будто узнанной и признанной наконец человеками, отселе вступающими под ее руководство; то в столько же обольстительной картине представляет обилие земных средств, на основании будто бы которых должна процвести и усилиться христианская добродетель. Обе эти картины ложны! Изображаются в противность учению Христову, наносят страшный вред заглядывающемуся на них душевному оку и самой душе, любодействующей от Господа своего сочувствием к демонской живописи. Вне креста Христова нет христианского преуспеяния. Господь сказал: «славы от человек не приемлю... Како вы можете веровати, славу друг от друга приемлюще, и славы, яже от единаго Бога, не ищете» (Ин. 5, 41, 44). При творении всех ваших добрых дел «не будите якоже лицемери» (Мф. 6, 16), делающие добро для славы человеческой, восприемлющие славу человеческую в награду за свою добродетель и отнимающие у себя право на награду вечную (Мф. 6, 1–18). «Да не увесть шуйца твоя», то есть твое собственное тщеславие, «что творит десница твоя», то есть твоя воля, направленная по евангельским заповедям, «и Отец твой, видяй в тайне... воздаст тебе яве» даром Святаго Духа (Мф. 6, 3–4). Сказал также Господь: «Никтоже может двема господинома работати: любо единаго возлюбит, а другаго возненавидит: или единаго держится, о друзем же нерадити начнет: не можете Богу работати и мамоне», то есть имуществу, богатству (Мф. 6, 24). «Иже не отречется всего своего имения, не может быти Мой ученик» (Лк. 14, 33). Достойно замечания, что диавол, искушая Богочеловека, предложил Ему мысль тщеславную прославиться публичным чудом и мечтание самого развитого и могущественного положения. Господь отринул то и другое (Мф. 4 и Лк. 4): Он возводит нас к высшему преуспеянию по тесному пути самоотвержения и смирения и Сам проложил этот спасительный путь. Нам должно последовать примеру и учению Господа: отвергать помыслы земной славы, земного преуспеяния, земного обилия; отвергать радость, приносимую такими мечтаниями и размышлениями, уничтожающую в нас сокрушение духа, сосредоточенность и внимание при молитве, вводящую самомнение и рассеянность. Если мы согласимся с помыслами и мечтаниями тщеславными, гордостными, корыстолюбивыми и миролюбивыми, не отвергнем их, но пребудем в них и усладимся ими, то вступаем в общение с сатаною, и сила Божия, нас защищающая, отступит от нас. Враг, увидев отступление от нас помощи Божией, устремляет на нас две тягчайшие брани: брань помыслами и мечтаниями блуда и брань унынием[133]. Побежденные передовою бранию, лишенные заступления Божия, мы не устаиваем и против второй брани. Это-то и значит сказанное отцами, что Бог попускает сатане попирать нас дотоле, доколе не смиримся. Очевидно, что помыслы памятозлобия, осуждения, земной славы и земного преуспеяния имеют основанием своим гордость. Отвержение этих помыслов есть отвержение гордости. Отвержение гордости совершается водворением смирения в душе. Смирение есть Христов образ мыслей и тот сердечный залог, происходящий от этого образа мыслей, которыми умерщвляются в сердце и извергаются из него все страсти[134]. Нашествию блудной страсти и страсти уныния последует нашествие помыслов и ощущений печали, неверия, безнадежия, ожесточения, омрачения, хулы и отчаяния. Особенно тяжкое впечатление производит на нас услаждение плотскими вожделениями. Отцы называют их сквернителями духовного храма Божия[135]. Если мы усладимся ими, то от нас надолго отступит благодать Божия и все греховные помыслы и мечтания получат сильнейшую власть над нами. Они будут дотоле томить и мучить нас, доколе мы искренним раскаянием и воздержанием от услаждения прилогами врага снова не привлечем к себе благодати. Всему этому не преминет научить внимательного инока опыт.

Узнав тот порядок, тот чин и устав, которого дежится враг при борьбе с нами, мы можем устраивать соответствующее сопротивление. Не будем судить и осуждать ближнего ни под каким предлогом, будем прощать ближним все тягчайшие оскорбления, нанесенные нам ближними. Когда бы ни явился помысел памятозлобия против ближнего, будем немедленно обращаться с молитвою к Богу о том ближнем, испрашивая ему милость Божию во времени и в вечности. Отречемся душ наших, то есть искания славы человеческой, искания излишне удобного земного положения, искания всех земных преимуществ, и предадим себя всецело воле Божией, благодаря и славословя Бога за наше прошедшее и настоящее, возлагая на Него наше будущее. Такое поведение и направление наше да будет приготовлением к молитве нашей, основанием для молитвы нашей. Пред начатием молитвы смиримся пред ближними, обвиним себя, как соблазнившие и соблазняющие их согрешениями нашими, начнем молитву нашу молением о врагах, соединим себя в молитве со всем человечеством и будем умолять Бога о помиловании нас вместе со всеми человеками, не потому чтоб мы достойны были молиться за человечество, а для исполнения заповеди о любви, которая законополагает: «молитеся друг за друга» (Иак. 5, 16). Хотя истинному служителю Божию попускается борение с многообразными прилогами греха, приносимыми сатаною и возникающими из нашего поврежденного падением естества, но десница Божия непрестанно поддерживает и руководит его. Самое борение приносит величайшую пользу, доставляя подвижнику иноческую опытность, ясное и подробное понятие о повреждении природы человеческой, о грехе, о падшем ангеле, приводя подвижника в сокрушение духа, в плач о себе и о всем человечестве. Преподобный Пимен Великий поведал о преподобном Иоанне Колове, отце, преисполненном благодати Святаго Духа, что он умолил Бога и прекратилась в нем борьба, производимая недугами падшего естества, или страстями. Он пошел и возвестил это некоторому преуспевшему в духовном рассуждении старцу, говоря: «Вижу себя в нерушимом спокойствии, без всякой брани». Рассудительный старец отвечал Иоанну: «Пойди и умоли Бога, чтоб брани возвратились, потому что по причине брани душа приходит в преуспеяние, а когда придет брань, то не молись, чтоб она была взята, но чтоб Господь даровал терпение в брани»[136]. Предадимся всецело воле Божией, предадимся всецело исполнению воли Божией; непрестанною молитвою будем испрашивать у Бога дар исполнения воли Божией и тот дар, чтоб над нами всегда совершалась воля Божия. Кто предается воле Божией, с тем неотлучно бывает Бог. Ощутит это и засвидетельствует истину этого всякий подвижник Христов, подвизающийся законно, подвизающийся под руководством Евангелия.

ИЗ ПИСЕМ

Иные считающие себя за одаренных духовным рассуждением и почитаемые многими за таковых боятся этой молитвы, как какой заразы, приводя в причину «прелесть» – будто бы непременную спутницу упражнения Иисусовою молитвою,– сами удаляются от нее и других учат удаляться. Изобретатель такового учения, по мнению моему, диавол, которому ненавистно имя Господа Иисуса Христа, как сокрушающее всю его силу; он трепещет этого всесильного имени и потому оклеветал Его пред многими христианами, чтоб они отвергли оружие пламенное, страшное для их врага – спасительное для них самих.

Другие, занимаясь Иисусовой молитвой, хотят немедленно ощутить ее духовное действие, хотят наслаждаться ею, не поняв, что наслаждению, которое подает один Бог, должно предшествовать истинное покаяние. Надо поплакать долго и горько, прежде нежели явится в душе духовное действие, которое – благодать, которое, повторяю, подает един Бог в известное Ему время. Надо прежде доказать верность свою Богу постоянством и терпением в молитвенном подвиге, усмотрением и отсечением всех страстей в самых мелочных действиях и отраслях их.

...Книга «Житие и писания молдавского старца Паисия Величковского» показывает непрелестный образ упражнения Иисусовою молитвою, состоящий в тихом произношении ее устами или и умом, непременно при внимании и с чувством покаяния. Диавол не терпит вони покаяния; от той души, которая издает из себя эту воню, он бежит прочь с прелестями своими. Проходимая таким образом Иисусова молитва — превосходное оружие противу всех страстей, превосходное занятие для ума во время рукоделия, путешествия и в других случаях, когда нельзя заняться чтением и псалмопением. Таковое упражнение молитвою Иисусовою приличествует всем вообще христианам, как жительствующим в монастырях, так и жительствующим посреди мира.

Стремление же к открытию сердечного духовного действия приличествует наиболее, почти единственно инокам, и то познавшим подробно борение со страстями, при удобствах, доставляемых местом и прочими обстоятельствами. Если же кто бы то ни был, движимый, по выражению святого Иоанна Лествичника, гордостным усердием, ищет получить преждевременно сладость духовную, или сердечное молитвенное действие, или какое другое духовное дарование, приличествующее естеству обновленному, тот неминуемо впадет в прелесть, каким бы образом молитвы он ни занимался, псалмопением ли или Иисусовою молитвою. Это привелось видеть и на опыте. Упоминаемый в житии Пахомия Великого прельщенный старец, стоя по действию прелести на раскаленных углях босыми ногами, произносил молитву Господню «Отче наш». Причина прелести не молитвословие, не псалмы, не каноны и акафисты, не молитва Иисусова — нет! Сохрани, Боже, всякого от такового богохульства! Гордость и ложь — вот причины прелести! Гордость и ложь, которых виновник — диавол. А он, чтоб свалить с себя вину, дерзостно и богохульно оклеветал Иисусову молитву — сам же встал в стороне, как ни в чем не повинный. Ныне многие хлопочут, остерегаются и других остерегают от молитвы Иисусовой, утверждая, что должно от нее удаляться, как от причиняющей прелесть, а о диаволе, настоящем виновнике прелести, ни слова – совсем забыли. Ах, какая явная хитрость диавола! Как он прячется искусно.

...Свойственно умной молитве открывать страсти, скрывающиеся и тайно живущие в сердце человеческом! Она и открывает их, и укрощает.

Свойственно умной молитве открывать тот плен, в котором мы находимся у падших духов. Она открывает этот плен и освобождает от него.

Следовательно, не должно смущаться и недоумевать, когда восстают страсти из падшего естества или когда они возбуждаются духами.

А как страсти укрощаются молитвою, то и должно, когда они восстанут, творить умом неспешно и очень тихо молитву Иисусову, которая мало-помалу уймет восставшие страсти. Иногда восстание страстей и нашествие вражеских помыслов бывает так сильно, что возводит в великий душевный подвиг. Это – время невидимого мученичества. Надо исповедать Господа пред лицом страстей и бесов молитвою продолжительною, которая непременно доставит победу...

При молитве нужно отрицаться от себя, то есть не признавать себя достойными какого-либо преуспеяния, а решительно положиться на Бога. Даже не должно думать о преуспеянии, а заботиться о том, чтоб молитва была совершаема со вниманием. Впоследствии увидишь, что все твои стремления к преуспеянию были не что иное, как увлечения – по причине вещественного разгорячения, без чего невозможно обойтись всякому вновь начинающему молитвенный подвиг, в котором сосредоточиваются и для которого предпринимаются, как служебные ему, все другие подвиги. С разгорячением всегда соединено самомнение. От самоотвержения, которое выше объяснено, является истинное смирение духа, нищеты духа, а такое смирение привлекает к человеку милость Божию.

Когда человек сподобится ощутить что-либо духовное, то есть ощущение от Бога, тогда он поймет, что все собственные душевные ощущения ничтожны, сопряжены с самообольщением. К земле обетованной надобно пройти чрез пустыню. Идя по этой пустыне, надо знать, что она — пустыня, а не земля обетованная, чтоб не принять какого-либо оазиса пустынного с роскошною и богатою природою за землю обетованную и по этой причине не лишиться земли обетованной. Оазисы суть те утешения и особенно ясные самовоззрения, которые даются по временам новоначальному в подвиге молитвы. На них не должно обращать особенного внимания. Первый духовный дар есть благодатное внимание при молитве, какового при одном собственном усилии невозможно иметь.

В церкви никаких особенных молитв не читайте, а внимайте богослужению. Хорошо приучиться к молитве мытаря, которая одобрена Господом и которую мытарь, как видно из Евангелия, произносил, находясь в церкви. Эта молитва читается так: «Боже, милостив буди мне, грешнику» (Лк.18:13), или: «Боже, очисти мя, грешнаго». Этой молитве равносильна молитва «Господи Иисусе Христе, Сыне Божий, помилуй мя, грешнаго» или же «Господи, помилуй». Читайте из этих молитв ту, которую найдете удобнейшею для себя. Но читайте непременно не спеша и со вниманием. Советую держаться второй (то есть «Господи Иисусе Христе, Сыне Божий, помилуй мя, грешнаго»). Первые две молитвы тождезначущи, третия — сокращение второй. В церкви иногда внимайте богослужению, а иногда умом произносите молитву, не преставая внимать и богослужению. Можно вместе и молиться умом, и внимать церковному молитвословию. Первое споспешествует второму, а второе – первому.

Церковную службу, когда остаетесь дома, можно заменить чтением которого-либо из акафистов: акафиста Господу Иисусу или акафиста Божией Матери.

В церкви не становитесь на колени и вообще по наружности не отделяйтесь от прочих какими-либо особенностями, но сохраняйте и внутреннее и наружное благоговение. Поклонов кладите как можно меньше. Земных поклонов полагайте всего два в течение литургии – в конце ее, когда дважды выносят чашу со Святыми Тайнами. Удерживайте себя от разгорячения и от всех порывов, столько противных смирению. Требуйте от себя тишины и внимания и при молитве, и при чтении, и при всех действиях Ваших. Таким поведением доставляется духу смирение. Смирение осеняет милость Божия.

Никакими мелочами не связывайте себя и не засужайте себя по причине мелочных погрешностей и проступков. То и другое служит источником смущения и уныния. Мелочные погрешности, в которые впадает ежечасно каждый человек, врачуются ежечасным покаянием пред Богом, покаянием, состоящим из немногих слов при сочувствии им сердца. Нередко оказывается возможным слова покаяния произнести только умом – и этого достаточно, лишь бы они произнесены были со вниманием. В церкви, когда найдете нужным сесть, садитесь, потому что Бог внимает не тому, кто сидит или стоит, а тому, чей ум устремлен к Нему с должным благоговением. Стремление к Богу, благоговение пред Богом и страх Божий приобретаются вниманием к себе... Когда найдете нужным прибавить или убавить что в Вашем молитвословии и чтении по случаю немощи или встретившихся независимо от Вас других занятий, делайте это, не сомневаясь и не смущаясь. Будьте свободны! Не связывайте себя никакою скрупулезностию. Правила для человека, а не человек для правил. Противным сему пониманием производятся лишь недоумения и расстройства.

ПРИМЕЧАНИЯ

1 – Написано вследствие желания проводить среди мира внимательную жизнь для некоторого благочестивого мирского лица.

2 – Добротол., ч. II, главы преподобного Филофея Синайского.

3 – Исаак Сирский. Слово 71.

4 – Патерик Скитский.

5 – Приводится в сокращении.– Прим. ред.

6 – Лествица, заглавие слова 28; преподобный Макарий Египетский. Слово 3, гл. 1.

7 – По объяснению преподобного Пимена Великого.– Алфавитный патерик.

8 – Лествица. Слово 28, гл. 7.

9 – Лествица. Слово 7, гл. 11.

10 – Слово 89.

11 – Святой Исаак Сирский. Слово 85.

12 – Преподобный Кассиан. Слово о рассуждении. – Добротолюбие, ч. 4.

13 – Слово 11.

14 – Святой Исаак Сирский. Слово 56 и 57.

15 – Преподобный Симеон Новый Богослов. Слово о трех образах молитвы. – Добротолюбие, ч. 1.

16 – Лествица. Слово 28, гл. 17.

17 – Каллист и Игнатий Ксанфопулы. – Добротолюбие, ч. 4, гл. 24.

18 – Сочинение «О молитве» сего угодника Божия помещено в книге «Класы» издания Оптиной пустыни.

19 – Преподобный Григорий Синаит. О прелести, главы зело полезные. – Добротолюбие, ч. 1.

20 – Слово преподобного Симеона о трех образах молитвы.

21 – Лествица. Слово 28, гл. 17.

22 – Святой Исаак Сирский. Слово 55.

23 – Ответ 216.

24 – Эта статья и следующие за ней две заимствованы из 5-го слова святого Исаака Сирского.

25 – По объяснению блаженного Феофилакта Болгарского.

26 – Иеромонах Серафим Саровский, инок особенно преуспевший в молитве, препроводил тысячу дней и тысячу ночей, стоя на камне и вопия ко Господу: «Боже, милостив буди мне, грешному!» (Сказание о жизни и подвигах о. Серафима. М., 1884).

27 – Лествица. Слово 28.

28 – Святой Исаак Сирский. Слово 16.

29 – Старцем называется в монастырях инок, руководствующий и наставляющий других иноков.

30 – Предисловие схимонаха Василия Поляномерульского на главы блаженного Филофея Синайского. Житие и писания Молдавского старца, Паисия Величковского, издание Оптиной пустыни. Москва. 1847 г.

31 – Наставление 32-е. Издание 1844-го года, Москва. Старец Серафим родился в 1759 году, вступил в братство Саровской пустыни в 1778 году, скончался в 1833 году 2 января.

32 – Сведение это получено от самого советовавшегося лица, ныне архимандрита Никона, настоятеля первоклассного Георгиевского Балаклавского монастыря (1866 год).

33 – По объяснению св. Исихия. Слово о трезвении, гл. II.

34 – Ответ ССХ.

35 – Слово LVI.

36 – Устав скитский. Слово I.

37 – Святого Исихия Слово о Трезвении, гл. CX, слич. с гл. CIX.

38 – Преподобный Кассиан Римлянин. Собеседование 2-е. О рассуждении. Блаженный Никифор Афонский. Добротолюбие, ч. 2, и многие другие Отцы.

39 – Преп. Нил Синайский о молитве, главы 17, 18, 142. Добротолюбие, ч. 4.

40 – Лествица. Слово 28, гл. 10.

41 – Преподобный авва Дорофей. Житие преподобного Досифея. Преподобный Григорий Синаит. Добротолюбие, ч. 1.

42 – О безмолвии о молитве Каллиста и Игнатия Ксанфопулов, гл. 10. Добротолюбие, ч.2.

43 – Слово VII, глава 9.

44 – Глава 131. Добротолюбие, ч. 1.

45 – Преподобный Макарий Великий. Беседа 7, гл. 4.

46 – Преподобный Макарий Великий. Слово 3, гл. 2.

47 – Главы о молитве, гл. 8. Добротолюбие, ч. 2.

48 – Лествица. Слово 4, гл. 93 и Слово 27, гл. 6, 46, 60, 61, 62.

49 – Святейшего Каллиста «О молитве вкратце». Добротолюбие, ч. 4.

50 – Таковы были: Алексий Человек Божий (марта 17), святой Иоанн Кущник (января 15), преподобный Виталий монах и другие. – Лествица. Слово 4, гл. 36.

51 – Слово о трех образах внимания и молитвы, в статье о третьем образе, в конце статьи. – Лествица. Слово 27, гл. 33.

52 – Это явствует из писаний преподобного Кассиана Римлянина, преподобного Орсисия, преподобного Исаии Отшельника и других святых иноков, получивших иноческое образование в Египетских монастырях.

53 – Заимствовано из поведаний преподобного Кассиана Римлянина. 15.

54 – Лествица, заглавие 25-го Слова.

55 – Добротолюбие, ч. 1.

56 – Духовная теплота – достояние весьма преуспевших иноков, подвизающихся в безмолвии, для которых написана и вся книга святого Григория Синаита, а отнюдь не достояние новоначальных. Новоначальные должны довольствоваться тем, если будут молиться со вниманием и умилением. О теплоте смотри в «Слове о Иисусовой Молитве». Аскетические Опыты, том 2.

57 – Преподобный Нил Сорский, предисловие к преданию.

58 – Преподобный Исаак Сирский. Слово 55.

59 – Лествица. Слово 7, гл. 64, по изданию Московской Духовной Академии 1851 года.

60 – Святой Исаак Сирский. Слово 89.

61 – Он же. Слово 11.

62 – Преподобный Григорий Синаит. О прелести, идеже и о иных многих предлогах.– Добротолюбие, ч. 1. «Егда видит кого диавол,– говорит святой Григорий,– плачевне живуща, не пребывает тамо, еже от плача приходящаго смирения бояся».

63 – Лествица. Слово 28, гл. 9.

64 – Преподобный Мелетий, в Галисийской горе подвизавшийся. Стихотворение о молитве; Лествица. Слово 28, гл. 21.

65 – Лествица. Слово 28, гл. 17.

66 – Совет старца иеромонаха Серафима Саровского. О том, что полезно молиться при закрытых глазах, сказано и в 11-м наставлении его, о молитве. Издание 1844 года, Москва.

67 – Преподобный Марк Подвижник. О мнящихся от дел оправдатися, гл. 34.– Добротолюбие, ч. 1.

68 – Преподобный Григорий Синаит. О еже како подобает безмолвствующему сидети и творити молитву. – Добротолюбие, ч. 1.

69 – Преподобные Каллист и Игнатий. О безмолвии и молитве. Слово 73.– Добротолюбие, ч. 2. Лествица. Слово 28, гл. 42.

70 – Лествица. Слово 28, гл. 45.

71 – Преподобный Максим Капсокаливит. Собеседование с преподобным Григорием Синаитом.– Добротолюбие, ч. 1.

72 – Преподобный Симеон Новый Богослов. О первом образе молитвы у преподобного Синаита, л. 131. – Добротолюбие, ч. 1.

73 – Лествица. Слово 28, гл. 59.

74 – Лествица. Слово 28, гл. 1.

75 – Вышеупомянутое стихотворение преподобного Мелетия; Слово о сокровенном делании Феолипта, митрополита Филадельфийского.– Добротолюбие, ч. 2.

76 – Святой Димитрий Ростовский. Сочинения, ч. 1. Внутренний человек, гл. 4.

77 – Преподобный Макарий Великий. Слово 3, гл. 1; Лествица. Слово 28, заглавие. Согласно сему поучают и другие отцы.

78 – Святой Исаак Сирский. Слово 5.

79 – Рим. 8, 26. Святой Исаак Сирский. Слово 21. «Кто достиг непрестанной молитвы, тот достиг края добродетелей и соделался жилищем Святаго Духа»,– сказал святой Исаак.

80 – Мнение преподобного Пимена Великого. – Алфавитный патерик.

81 – Псалмы пророка и царя Давида, разделённые и дополненнные православными молитвами.

82 – Слово святого Феолипта.– Добротолюбие, ч. 2.

83 – Преподобный Матой. – Алфавитный патерик скитский, буква «М».

84 – Слово 71.

85 – Новая скрижаль, гл. 1.

86 – Последование утрени, тропарь по славословии.

87 – сочинения святителя, ч.1. Внутренний человек.

88 – Преподобный Макарий Великий. Слово 1, гл.3, и Слово 3, гл.2 и 3.

89 – Слово 40.

90 – О седми службах см. «Новую скрижаль», ч.1, гл.13.

91 – См. житие святого Игнатия Богоносца (декабря 20-го дня); святого Исаака Сирского Слово 71.

92 – Предисловие от писаний святых отцов о мысленном делании, сердечном и умном хранении и прочем.

93 – Внутренний человек, гл. 3.

94 – Слово 40.

95 – О третьем видении. – Добротолюбие, ч. 3.

96 – Житие его. – Четьи Минеи, мая в 24-й день.

97 – Слово 31.

98 – См. житие сего преподобного.

99 – Рукописное житие преподобного Илариона Суздальского.

100 – первая из молитв утренних: «От сна возстав, благодарю Тя, Святая Троица» и прочее.

101 – шестая из утренних молитв: «Тя благословим, Вышний Боже» и прочее.

102 – Слово о трех образах молитвы. – Добротолюбие, ч. 1.

103 – Пятнадцать глав о безмолвии, гл. 8.– Добротолюбие, ч. 1.

104 – Святой Тихон Воронежский, т. 14, письмо 4.

105 – Лествица. Слово 28.

106 – Святой Петр Дамаскин. О семи умных видениях, статья «Разделение молитвы всех разумов», кн. 1.– Добротолюбие, ч. 3.

107 – Заимствовано из толкования молитвы Господи, помилуй старцем Паисием Нямецким.– Писания старца Паисия. Изд. Оптиной пустыни, 1847.

108 – Преподобный Нил Сорский. Предисловие к преданию.

109 – «Постой мало (молча), до́ндеже утишатся вся чувства. Тогда сотвори начало не вскоре, без лености, со умилением и сокрушенным сердцем. Рцы сие: «Блажен муж...» и прочее тихо и разумно, со вниманием, а не борзяся (не спеша), якоже и умом разумевати глаголемая».– Наставления пред чтением Псалтири. Псалтирь отдельною книгою.

110 – Преподобный Марк Подвижник. О законе духовном, гл. 13, 14. Преподобный Симеон Новый Богослов. Слово о вере.– Добротолюбие, ч. 1.

111 – Имамы известнейшее пророческое слово, емуже внимающе якоже светилу сияющу в темнем месте, добре творите, до́ндеже день озарит, и денница возсияет в сердцах ваших (2Пет. 1, 19).

112 – Лествица. Слово 28, гл. 17.

113 – Заимствовано из 28-го Слова «Лествицы».

114 – Каллист и Игнатий Ксанфопулы, гл. 24.– Добротолюбие, ч. 2.

115 – Никифор Монашествующий. Слово о трезвении и хранении сердца.– Добротолюбие, ч. 2.

116 – Слово о вере.– Добротолюбие, ч. 1.

117 – Лествица. Слово 27.

118 – Толкование блаженного Феофилакта Болгарского; Лествица. Слово 28 и прочее.

119 – Лествица. Слово 28, гл. 64.

120 – Слово о авве Филимоне.– Добротолюбие, ч. 4.

121 – Лествица. Слово 28, гл. 61.

122 – Лествица. Слово 28, гл. 28.

123 – Преподобный Макарий Великий. Слово 4, гл. 19.

124 – Толкование блаженного Феофилакта.

125 – По блаженному Феофилакту.

126 – Приводится в сокращении.– Прим. ред.

127 – Лествица. Слово 28, гл. 4.

128 – Лествица. Слово 28, гл. 1.

129 – Алфавитный патерик.

130 – Vita Beati Antonii Abbatis. Patrologiae Tom. LXXIII, caput XV, и Четьи Минеи.

131 – О молитве, гл. 47.– Добротолюбие, ч. 4.

132 – Художество и правило святых Каллиста и Игнатия Ксанфопулов.– Добротолюбие, ч. 2, гл. 29.

133 – Преподобного Григория Синаита гл. 110.– Добротолюбие, ч. 1.

134 – Заглавие 25-го Слова «Лествицы».

135 – Святой Иоанн Карпафский. Утешительных глав 55.– Добротолюбие, ч. 4.

136 – Алфавитный патерик, буква «И».

www.orthodoxlogos.com

www.ingramcontent.com/pod-product-compliance
Lightning Source LLC
Chambersburg PA
CBHW060612080526
44585CB00013B/795